漂亮 30

漂亮的30個理由

黎詩彥◎著

三色菫 Pansy 漂亮 30－漂亮的 30 個理由

作　　者：黎詩彥
出 版 者：葉子出版股份有限公司
企劃主編：范維君
行銷企劃：洪崇耀
版面構成：觀點設計工作室
封面設計：觀點設計工作室
印　　務：許鈞棋
專案行銷：潘德育 吳明潤 許鈞棋
登 記 證：局版北市業字第 677 號
地　　址：台北市新生南路三段 88 號 5 樓之 6
電　　話：(02)2366-0309　　　　(02)2366-0310
網址：http://www.ycrc.com.tw
讀者服務信箱：service@ycrc.com.tw
郵撥帳號：19735365　　　　　　戶名：葉忠賢
印刷：鼎易印刷事業股份有限公司
法律顧問：煦日南風律師事務所
初版一刷：2005 年 5 月　　　　　定價：新台幣 180 元
ISBN：986-7609-67-0

國家圖書館出版品預行編目資料

漂亮 30：漂亮的 30 個理由 / 黎詩彥作. -- 初版.

- 臺北市：葉子, 2005[民 94]

面；　公分. -- (三色菫)

ISBN 986-7609-67-0(平裝)

1. 婦女

544.5　　　　　　　　　　　　94006166

總經銷：揚智文化事業股份有限公司
地址：台北市新生南路三段 88 號 5 樓之 6
電話：(02) 2366-0309 傳真：(02) 2366-0310

※本書如有缺頁、破損、裝訂錯誤，請寄回更換

目錄

漂亮30

目錄

理由一　變漂漂，你需要伯樂

漂亮30

　　莎琳娜又關在房間裡生悶氣了，只因為我在街上多看了別的女人一眼，她就氣得一整天不說話。

　　別人是「一失足成千古恨」，而我呢？則是「一眨眼成一夜仇」，不過就是色瞇瞇的一眼嘛！有那麼值得生氣嗎？

　　說起來，懂得欣賞各式各樣的女人算得上是我與生俱來的本領。正因為我獨特的眼光，任何女人在我面前都可以顯得風姿綽約、美得冒泡，就連恐龍化石都可以變成稀世珍寶。

　　一般男人只知道欣賞大眼睛小嘴巴的典型美女，那可真是暴殄天物！就像吃魚只知道吃魚肚，不曉得魚尾巴才是精華所在，用魚尾巴來熬湯，可以熬出一鍋甘甜鮮美的海鮮湯。魚肉人人會吃，有辦法把一條魚從頭吃到尾不浪費一根刺的，才是真正的食林老饕，而我，別說是吃魚了，連吃人都不會吐骨頭！

　　蘿蔔腿有一種飽滿賁張的豐腴，看了你會忍不想捏它一把；A Cup有一種矜持含蓄的羞澀，彷彿一朵含

苞待放的鬱金香；不超過一百公分的腿有一種迷你袖珍的靈巧；重量級的噸位有一種富饒的韻味；細到只剩下一條縫的眼睛是最不可思議的，你可以想像他瞳孔的繽紛色彩；厚到佔了半張臉的嘴唇是情慾的象徵，你可以幻想他豐潤結實的口感；飛機場的線條很平滑，沉甸甸的顫抖的臀部搖曳生姿。刁蠻的女人刺激，沒有想法的女人聽話，一身洋味的女人大方，一口台灣國語的女人親切……

　　挑女人就像買魚一樣，從黑鮪魚到吳郭魚等級不同、應有盡有。素質好的可以生吃活吞，素質差的只能下鍋紅燒。無論是哪一種魚，只要烹煮得宜，都可以散發出同樣誘人的香味。

　　當然，還得加上我這個喜歡吃魚的人才行！

　　朋友笑我交女朋友像在做慈善事業，不管是青的紅的、黑的白的、胖的瘦的我一向來者不拒，他們還語帶諷刺地問我什麼時候要開老人院？我知道，他們只是妒忌我身邊的女伴總是川流不息，所以趁機調侃

我罷了！

　　我悄悄打開房門，迎面飛來一隻拖鞋。看樣子，我又得學廣告裡的唐先生跪在太座面前負荊請罪了！莎琳娜還真以為自己是大小姐呢！也不照照鏡子，看看自己那副跩樣！說穿了，少了我這個伯樂，她還會是千里馬嗎？女人哪！就是搞不清楚這一點。

　　「士為知己者死，女為悅己者容」，美麗是沒有標準，也無從解釋的。你的酷斯拉可能是他的蒙娜麗莎，你的下凡仙女在別人眼中也可能只是俗艷西施。正如法國哲學家笛卡爾所說：「美是判斷和對象之間的一種關係。」無論多麼美麗的事物，若是缺乏了一個懂得欣賞的人，還能算得上是真正的美嗎？反過來說，只要遇上一位伯樂，賴皮狗也可以變成千里馬，因為他能發現你最深沉的美麗，為你平凡無奇的樣貌重新下定義，讓你身上的每一吋肌膚，都變得格外矜貴起來，這不就是每個女人之所以一心求美的目的

嗎？

　　女人不一定要長得漂亮，但是不能沒有人誇你漂亮。旁人的讚美，總是能使女人心情飛揚，不美也變得美。因此，當聽到別人的惡意批評，說你醜、說你胖，說你睫毛不夠長、屁股不夠俏……，請千萬不要相信，那只代表他們不懂得欣賞而已。

　　想要變漂漂，你絕對需要一位眼光獨到的伯樂，讓他把你放在手心、捧上天邊；讓他把你形容成天上有、地上無，從髮梢到腳指甲無處不美；讓他盡情發覺你的美麗，讓你驚訝自己居然可以這麼美。

　　如果人不能改變自己，就只能改變環境；如果你不能改變自己的長相，那麼你只好去改變別人的目光；找個懂得欣賞你的人，比任何整型手術都來得有效。

漂亮30

笑一個，你會更漂漂

「都是你啦……」十分「珠圓玉潤」的女兒向媽媽哭訴：「為什麼你要把我生得那麼胖？害我二十八年來一個追求者都沒有！我……我乾脆下海算了！」

媽媽驚訝的睜大了眼：「你要下海？那麼那些男人豈不是全都要上岸了？」 女兒聽了，哭得更大聲了，「媽！怎麼連你都這麼說我！我不要活了啦……我要自焚……我要把自己燒成灰，讓你永遠都認不出我來！」

「我是你媽，怎麼可能認不出你？就算你化成灰我都認得……」媽媽說：「只要找到最大的那一坨灰就是啦！」

12

理由二　變漂漂，你需要愛情

相信嗎?愛情真的可以使人變美麗。醫學報告指出,戀愛中的女人會分泌出一種雌激素,讓皮膚變光滑,臉上也會散發出神采奕奕的光澤,舉手投足更有女人味。因此,如果你覺得自己還不夠美麗,不妨去談一場戀愛吧!

愛情不只在燃燒熾熱時使人美麗,就連愛情消逝後的餘燼也一樣威力無窮。有百分之五十以上的女性會在失戀時選擇用剪頭髮、改變造型、購物血拼.....等方式來改變心情,這麼一來,你不但可以煥然一新,還可以搜括到許多戰利品,想不美也難!

失戀最大的好處不僅如此,它還可以使人急速消瘦。

我有一位身材略微福泰的朋友,居然在失戀初期的一個月之內,整整瘦了八公斤,明顯看得出來整個人都縮小了一圈。她說,以前怎麼減都減不下來的體重,現在不費吹灰之力就做到了!失戀的症狀是心情不佳、沒胃口、睡不著,必須藉由體力的消耗來平復

內心的傷痛，當然容易變瘦。

最有效的減肥方法，就是徹徹底底的失戀一次。不過，不要傷心太久，到達標準體重之後，就要趕快走向陽光，到外面的世界去捕獵下一個戀愛對象。如此熱戀、失戀、再熱戀、又失戀……像冷熱水般循環交替，不用多少時間，你一定可以成為身材窈窕、容光煥發的美人兒。

愛情還有一個魔力，就是可以引發人們的佔有慾和妒忌心。

有哪個女人可以容忍情敵比自己美？因此，當愛情拉警報的時候，也就是女人開始磨刀舞劍、整裝待發的時候了！

有個笑話是說，張太太喜孜孜的告訴住在隔壁的李太太：「最近我老公都很早回家，而且還對我特別體貼呢！」

李太太羨慕的問：「真的嗎？你是怎麼做到的？」

張太太笑了笑，得意的說：「沒什麼，我只是在

我老公半夜回家的時候，故意問了一聲『小趙，是你嗎？』然後他就變得什麼都聽我的了。」

外遇的刺激，往往引發人們改變自己的決心。

因為有二奶的威脅，女人不再放任自己成為黃臉婆；因為先生公司裡的女秘書裙子一個比一個短，家裡的老婆也開始注意自己的穿著打扮；因為螢幕上的女偶像個個青春洋溢，所以電視機前的小女生也只好跟著運動健身練瑜珈。

經濟學裡有一句名言——「有競爭才會有進步」，這句話套在人類心理學中一樣管用。我們都知道世界上「沒有醜女人，只有懶女人」，而懶惰是由安逸的生活開始的。情敵的存在，讓我們更知道要鞭策自己，隨時抬頭挺胸縮小腹，必要時濃妝豔抹露大腿。人比人雖然氣死人，但也只有人比人，我們才會努力求新、求變、求進步。

除了擔心另一半被人偷，當自己被偷或去偷人的時候，也是一個人最具魅力的時候。

　　想想看，當女人有外遇時，男人通常是怎麼發現的？

　　因爲她最近添了許多新的內衣，款式一件比一件性感；因爲她常常對著鏡子化妝，一坐就坐上好幾個鐘頭；她平時最不愛做運動的，現在居然天天上健身房！以前她飯後一定會來一客甜點，現在才吃完沙拉就宣稱自己沒胃口了。

　　偷情的女人是枯木逢春，不但重回十八歲少女的姿態，連聲音也跟著嗲聲嗲氣起來；她的衣櫃裡突然多了許多新衣裳，其中不乏少女特有的粉紅色；一個人的時候，她會對著窗外傻笑，神情間不經意的透露出一絲甜蜜。

　　重拾戀愛的感覺使人變年輕，看看電影《麥迪遜之橋》的女主角就知道了。戀愛使人眼神散發出一種夢幻的色彩，這情形尤以中年人的黃昏之戀最嚴重，因爲她們知道，這有可能是此生談的最後一次戀愛，心態比從前更爲浪漫，戀愛的感覺也更明顯的寫在臉

上，猶如一口氣喝了好幾瓶金城武賣的四物雞精，這種美麗，是打從心底氳染開來的。

　　女人因為偷情，所以變得美麗；而男人若是發現身邊的女人偷情，應該檢討自己的魅力，誰叫你沒有能力使她變得更美麗呢？

笑一個，你會更漂漂

　　一天，亞當問上帝：「祢為什麼要把她造得這麼美麗動人？」

　　上帝說：「這麼一來，你才會注意到她！」

　　亞當又問：「那祢又為什麼要把她造得如此溫柔？」

　　上帝說：「那是為了要讓你愛上她。」

　　亞當想了想，又問：「那祢為什麼要把她造得這麼笨呢？」

　　上帝笑了，祂說：「如果不是這樣，她又怎麼會愛上你呢？」

理由三　變漂漂，你需要S.H.I.T

漂亮30

　　什麼？需要便便？我們知道有一種貓屎可以拿來
煮咖啡、喝清晨第一泡尿可以讓人變健康，卻很難想
像SHIT跟美麗有什麼關係，難道要拿來敷臉嗎？

　　不用擔心，此 S.H.I.T 非彼SHIT，不是要你「挖糞
塗牆」，也不是要你「吃屎人不償命」，這裡的
S.H.I.T，指的是Smile（微笑）、Habit （習慣）、
Improve（進步）及Tolerate（寬容）。

　　冰山美人的時代已經過去，現代美女講求親和
力。不管你的美麗是天生麗質還是後天養成，一個四
十五度的笑容都將為你的容貌加分，令你的臉蛋如花
朵般的綻放開來。

　　一笑傾城的例子比比皆是，沒有人喜歡天天對著
一張撲克臉、晚娘臉、死魚臉……，因此，美麗的第
一必備條件，就是笑容。古有周幽王為了褒姒的一
笑，不惜動搖國本、烽火戲諸侯；今有松嶋菜菜子、
小甜甜布蘭妮……等一幫女星靠「賣笑」賺錢，可見

20

微笑的魔力有多大！如果你覺得自己很美，請繼續開心的微笑；如果你覺得自己還不夠美，那麼更應該要經常笑，因為微笑會讓你變得至少比原來美。

除了笑容之外，良好的習慣也可以使人變漂漂。

你以為電視上的女明星個個都是天生的美人胚子嗎？不，她們的美麗，都是靠一分的天賦加上九十九分的毅力才能維持的。為了保持完美的線條，據說容祖兒已經兩年沒有吃過米飯，蔡依林把每一道菜過水，堅持不讓一點油下肚，李詠嫻每週固定上健身房運動，大S曾經天天吃蘆薈當早餐來美白。女星們抑制自己的口腹之慾，花了很多時間修身轉型，所以才能夠造就出一身美麗。

凡人總是羨慕舞台上的星星們亮眼奪目的光環，然而美麗並不是一種結果，而是一種習慣，當你把追求美麗視為一種生活方式，這將會是你最後一次減肥的經歷！

　　雖然好的生活習慣可以使你變美麗,但是當人們一旦習慣了漂漂的你之後,你的美麗也就變得不足為奇了。根據一份調查報告顯示,女人吸引男人的十大條件之中,美麗只排名第二位,排名第一位的,是新鮮。

　　想要永遠使人驚艷,你不只要保持美麗,還要一天比一天更美。人類是喜新厭舊的動物,再美麗的東西若是一成不變,久了,就會變成索然無味了,不管你長得多麼漂亮,同一個男人對著你超過三年,也必然麻木。

　　既然我們不能轉換自己的臉孔,那就只好變化不同的造型;不能改變自己的基調,至少嘗試看看不同的style;芭比娃娃之所以風靡世界聲勢長達四十年不墜,正是因為她的多變造型及多重風格。現在,你知道為什麼女人的衣櫃裡永遠少一件衣服了吧!

　　如果覺得精益求精太困難,沒關係,你還剩下最

後一招，那就是「慈悲爲懷、寬容待人」。

　　一個寬容的女人會慷慨給予男人和昔日哥兒們暢所欲言的時光，因爲她了解，人的生命裡除了愛情，更需要友情的滋潤；一個寬容的女人不在意男人是否願意陪自己逛街，是否記得自己的生日，因爲她知道，心意比儀式更重要；一個寬容的女人不會去揭穿別人善意的謊言，因爲她能體會，說謊背後的那份眞誠；一個寬容的女人不會計較外表的美醜，因爲她明白，人的美醜不是光靠長相就能評斷的。

　　所謂的寬容，不只是對別人寬容，還要對自己慈悲。外表只是符號，平安已是幸福，寬容的人懂得感恩，不往自己臉上貼金，也不會在雞蛋裡挑骨頭。只要五官端正、四肢健全就已經很好了，沒有巴掌臉、希臘鼻又有什麼關係？人可以沒有美貌，但是不能沒有美德。世上最寬容的女人首推媽媽，難怪男人大多都有戀母情結。

　　一個眞正的絕色美女不只會隨時面帶微笑，還必

須散發獨特的魅力，使所有人見到她都會不自主的會
心一笑，寬容的女人正是做到了這一點！

笑一個，你會更漂漂

　　自戀成性的小花一天到晚對著人抱怨自己經
常被性騷擾，朋友們簡直不堪其擾。

　　一天，小花又纏著成群的室友抱怨：「那些
男生就像蒼蠅一樣煩人，整天黏著我不放！真叫
人不知道該怎麼辦才好！」

　　其中一位室友終於忍受不了小花日以繼夜的
精神虐待，她冷冷的說：「對呀！我想大概是因
為你長得像大便吧！」

理由四　變漂漂，你需要MONEY

漂亮30

　　俗話說，「有錢能使鬼推磨」。想要邁入美麗殿堂，當然也免不了用銀子來打通關卡。

　　荷包豐裕的，可以花上百萬從頭到腳煥然一新，搞不好還可以變名模；荷包凹陷的，只能多喝水多睡覺，希望夢到自己醜小鴨變天鵝。

　　有錢人可以上醫院抽脂，只要花費一小時又三十分，馬上從水桶腰變成三比八；窮光蛋只能多爬樓梯多跑步，歷時三個月又十天，辛辛苦苦好不容易腰圍總算小了一吋半。

　　千金小姐可以上百貨公司和專櫃小姐「搏感情」；灰姑娘只能上化工行買左旋C，自己在家裡窮攪和。

　　貴婦人可以定期注射肉毒桿菌來永保青春；一般老百姓只能經常倒立來對抗地心引力，一不小心還會弄出個腦充血。

　　MONEY雖然不能起死回生，卻能化腐朽為神奇，你說是嗎？

　　膾炙人口的電影《瘦身男女》中，劉德華為了讓鄭秀文在有限時間內恢復成一個身材窈窕的美人，不惜站在街上當人肉沙包，靠挨打來賺錢，好讓鄭秀文上那間連用一條毛巾也要收錢、雖然很貴但是很有效的美容中心進行瘦身療程。這部電影給人最大的啓示，就是金錢與美麗密切的關係。MONEY 和 BEAUTY雖然不能畫上等號，但卻影響了人們追求美麗的起跑點。有錢人可以藉助金錢的力量來改變自己，沒錢你只能自生自滅、繼續向下沉淪。美麗戰爭和升學競爭一樣是起跑點不公平的比賽，窮人們每天為三餐奔波都來不及了，哪裡還有閒功夫管它水不水？

　　如果你認為自己長得不夠水，那麼最好趁年輕多存一點錢。

　　美國卡特總統曾說：「人一旦過了四十歲，就要為自己的容貌負責。」這句話一方面是解釋「相由心生」的道理，另一方面也是提醒你，再美的女人過了四十歲也已是殘燈枯木，這個時候如果你有足夠的資

漂亮30

金，便可以拉皮、換膚、整型、抽脂……改頭換面；
如果沒有錢，那麼就只能眼睜睜看著青春一去不復
返，美人遲暮，千古一轍，空嘆歲月不饒人了。

　　新聞報導指出，美國老年整型人口在近五年來成
長了三倍，由原本的十二萬多人增長到四十二萬人；
無獨有偶，台灣也有七十三歲的老人上整型外科要求
隆乳，都已過了不惑之年了，美麗依然是女人不變的
堅持，可見女人永遠打破不了外在美的迷思。年輕時
青春就是本錢，等到年華老去，可以幫助你變漂漂的
就只有金錢。由此可證，「少壯不努力，老大徒傷悲」
這句話是真的。

　　除了金錢可以買到的東西以外，金錢本身已是一
種美麗的象徵。「$」這個形狀，從來沒有人懷疑過它
的美醜，沒有人嫌過它短，沒有人嫌過它胖，人們早
已把它視為快樂的泉源、地位的象徵。有錢雖然不一
定能使你變美，但是只要有夠多的錢，誰敢說你不
美？見錢眼開的人畢竟比肯說實話的人要多得多！

笑一個，你會更漂漂

剛滿三十歲的娜娜心臟病發，被送往醫院急救。病情十分危急，娜娜幾乎可以感覺到自己即將要死了。

生死攸關的關口，娜娜突然聽見了上帝的聲音：「放心！你不會死的，你還可以再活四十五年八個月零兩天，所以一定要鼓起勇氣活下去！」

結果，娜娜奇蹟似地被救活了。

身體復原之後，娜娜心想自己還有四十多年的日子要過，所以沒有急著出院，反而先去整型外科掛了號，先是削腮骨，接著是豐唇、隆胸，然後是抽脂，一口氣連續做了四個美容手術。

接著又叫了專業髮型師上門服務，改變了髮色、燙了個新髮型，整個人看起來像個二十出頭的少女。

當最後一個整形手術完成之後，娜娜便高高興興地的辦理了出院手續，沒想到才剛踏出醫院

漂亮30

門口，卻被一輛酒醉駕駛的計程車高速撞死了。

　　來到天堂之後，娜娜生氣地質問上帝：「你說過我還可以再活四十五年，為什麼你還要讓計程車來撞我呢？」

　　上帝無奈的聳了聳肩，回答道：「對不起，車子撞到你的那個時候……我認不出是你。」

理由五　變漂漂，你需要去旅行

漂亮30

　　細緻的五官也許需要麗質天生，但是萬種的風情
卻可以後天養成。有一種美麗，叫做異國風味。正所
謂「國外的月亮特別圓」，外國的女人當然也特別美；
跋山涉水、遊歷五湖四海可以為你增添些許異國風
情，就像ABC在台灣愛情市場裡的崇高地位一樣，不
管你究竟有幾分姿色，反正進口的舶來品一定特別受
歡迎！

　　世界各地都有不同的審美觀，如果不能在台灣當
個美人，那就全世界走透透吧！我有一位朋友，一直
為她的暴牙感到自卑，沒想到去到了日本，日本人居
然頻頻稱讚她「卡哇依」。光是在竹下通走一圈，她就
已經被五位男子搭訕過。聽說日本的美女屬於保育類
動物，好不容易稍微有一點姿色的，多半都已經上了
電視，所以只要看到台灣女生，日本男人簡直就是
「驚為天人」，因為美麗是要經過比較才能分辨出來的
嘛！

　　哈佛醫學院的心理學家在一九九五年間走訪斐濟

時，也發現當地人對女人的美麗有不同的見解，他們崇尚「健壯即是美」，體重過輕的女人會被社會視為不吉祥的徵兆。這可真是一個大快人心的好消息，只要在每次聚餐之時向眾家姊妹宣布這則新聞，那頓飯大家一定可以吃得特別盡興！

以此類推，你應該可以理解為什麼老外來到台灣，總是喜歡挑一些在台灣人眼中不怎麼樣的貨色了吧！台灣人受到西方文化影響，認為大眼睛、高鼻子、瓜子臉的才叫做美女；但是老外嚮往東方文化，反而覺得鳳眼、圓臉、塌鼻子才具備中國特色。許多在國內「滯銷」的產品，到了國外都可以順利的「傾銷」出去，就是這個道理。

身為現代人，你不只是要立足台灣，更要放眼天下，與世界接軌，共同來為美麗找尋新的意義。

旅行的好處不只是能到非洲當皇后，還可以為心靈補充維他命C。

你是否曾留心觀察過那些旅行回來的人，他們一

個個看起來是不是都顯得格外神清氣爽、精神奕奕？甚至還會帶回一些國外流行的小玩意，或是朗朗上口幾句新奇的外來語。旅行可以幫助人們增長見聞、開拓視野，適時的放鬆加上豐富的閱歷使人心靈富足，人一旦心滿意足了，外貌哪有不美的道理呢？

地球村的時代已經來臨，許多女人上韓國整形，去法國血拼，這不都說明了「美麗無國界」的道理嗎？你可以看到許多女孩到美國留學，去的時候還是個黃毛丫頭，回來時就已經搖身一變變成了一個大美人，因為她們在國外不但喝了一肚子墨水，還學會了穿「維多利亞的秘密」，學會彎腰時露出半個胸部，再燙個外國人流行的大波浪捲髮，學會在頸子上掛幾十斤重的銀項鍊，再把單眼皮的眼睛塗成一圈紫色的大黑輪。

種種中西文化所交流激盪出來的美麗效應，皆在年輕女孩身上表露無遺，著實映證了「讀萬卷書不如行萬里路」這句千古明言。讀書雖然給人智慧，但只

有親身走過，才會留下痕跡。

　　旅行之於瘦身也有絕妙的功效。長期過著都市生活的我們，一天幾乎走不到幾步路，旅行是個走路的大好機會，幾天下來，你會發現你所走的路比平時一整年加起來還多，即使你在旅程中大吃大喝也無所謂，因為你吃下去的熱量很快就會被你的運動量消耗掉。幸運一點的，還會水土不服，吃什麼吐什麼，用不了幾天的時間，雙下巴就自動消失了；如果你參加的是歐美等地十天八夜的長途行程，那麼相信回程的時候，你已經因為營養失調而擁有了一張瓜子臉，我真不知道應該要恭喜你還是同情你。

　　另外，水土不服還有一個好處，就是提醒我們健康的重要：人在奄奄一息的時候，是不會去計較外表美麗與否的。

漂亮30

笑一個，你會更漂漂

不管是什麼樣的女人，稱呼她「美女」永遠比形容她為「好女人」更能博得她的歡心。

以下是發生在校園裡的真實片段：

一天，老師突然拿著一疊考卷向全班宣布要考試。

班上頓時哀鴻遍野，學生們一致抗議：「不要啦……」並且要求老師另擇良辰吉日再考。

學生撒嬌的說：「好啦！好啦！你改天再考，我們一定會考得更好的！」

「少騙人了！你們當我是三歲小孩嗎？」老師回答。

這時，一位同學起身發言：「不！我們當老師是二十歲美少女！」

「好吧！你們贏了。」老師笑著說。

理由六　變漂漂，你需要一面魔鏡

漂亮３０

有人說，社會本身就是一面魔鏡，社會的眼光，早就已經替每個人的美醜都評了分。社會這面鏡子告訴我們，名模的高挑身材、低於標準值以下的體重、不成比例的小臉才叫作「美」，這項令人失望的發現使得平凡人士對自己臉蛋及身材的不滿與日俱增，我們開始恨自己爲什麼不能風一吹就倒。

曾經有專家在多倫多大學做過一項實驗，調查女性對於自己外在的滿意度與社會價值觀的關係。一共有一百位大學女生參加這項實驗，她們被分成兩組，在等待實驗開始的過程中，兩組人各自被帶往不同的房間，其中一個房間的桌上堆滿了各式各樣新聞類的雜誌，例如《商業週刊》、《時代雜誌》、《國家地理雜誌》等，另一個房間的桌上則放滿了各種女性時尚雜誌，像是《柯夢波丹》、ELLE、Vague之類。

在等待的十三分鐘之內，兩組女生很自然的隨性翻閱桌上的雜誌，接著，主持人宣布測驗開始，女生們被問及對自己身體的種種評價及看法。

　　看新聞雜誌的第一組女生，她們勾選的答案多半是：「我可以很高興的接受自己的外貌」，或是「我對自己目前的體型很滿意」；另外一組閱讀時尚雜誌的女生，她們的回答卻明顯悲觀了許多，一半以上的人選擇「我對自己的外貌感到沮喪」，以及「我希望我可以再瘦一點」，即使她們的樣貌及身材早就已經是萬中選一了。

　　在被問及自己的理想體重時，第一組女生回答的平均數據是五十二公斤，第二組則是四十八公斤。這四公斤的認知差距僅僅發生在十三分鐘之內，可見社會是一面多麼可怕的魔鏡！

　　在這面魔鏡的照射之下，有誰敢不極力去追求美麗？深怕稍稍一放鬆，就被旁人論長道短，冷冷的諷刺「沒有醜女人，只有懶女人……」。長得不夠漂亮已經很可悲了，現在還得多背負一項「懶惰」的罪名。一個人的外表如何已經不再是她家的事，而是一件足以影響城市聲名、攸關個人榮譽的大事。

　　一份雜誌調查發現，美國有百分之二十四的女性，以及百分之十七的男性，願意減去三年的性命，只要能成功瘦下來。問世間美爲何物，直叫人連生命都可以拋棄。

　　一個人若是待在家裡，美麗只是一項奢侈品，可是一旦走出戶外，美麗就變成了一件必需品。想要變漂漂，你必須隨時把自己暴露於魔鏡之下，要先認清自己的缺點，才有改革的空間。不要再自欺欺人的說「我雖然有點胖，可是還滿可愛的。」「我的眼睛雖然不夠大，好在還看得見瞳孔。」……之類的話。既然先天已經失調了，後天就要更加努力才行。連愚公都可以移山了，你又爲什麼不能移開自己身上多出來的那一小塊肉呢？

　　除了社會這面魔鏡之外，個人的魔鏡也是很重要的。

　　有沒有發現？凡是俊男美女都特別喜歡照鏡子。難聽的說法，是他們太過自戀，好聽一點，是他們充

滿自信。

是的，想要美麗，就不能沒有自信。

知名服飾品牌Prada日前在紐約開設了一家專賣店，吸引消費者的除了名牌衣物之外，最特別的便是店裡的空間設計。

Prada店內用一面神奇的鏡子結合了錄影設備，讓消費者只要站在鏡子面前，就可以前後左右、完整欣賞到自己的全方位的美麗，即使這裡幾萬塊一件的衣服你看不上眼，你也會想要把這面鏡子帶回家，因為人只要看見自己，就能產生信心。

心理學上有一個有名的實驗，一位婦人每天睡覺之前，都會告訴鏡子裡的自己：「我很美麗。」一段日子下來，周遭的朋友發現她居然真的變漂亮了！這是心理影響生理使然，常照鏡子真的能讓人肯定自己。

我始終相信，如果一個人可以愛上鏡子裡的自己，他的樣貌應該也不會差到哪裡去。

漂亮３０

笑一個，你會更漂漂

歷史課，老師問同學：「有沒有人知道怎麼區分漢朝和唐朝的審美觀？」

一位學生回答：「我知道，在漢朝，美女趙飛燕是『美人上馬馬不知』；到了唐朝，美女楊貴妃是『美人上馬馬不支』。」

理由七　變漂漂，你需要一支按摩棒

這……這……有點不太好意思吧！可別想歪了，我說的是「小臉按摩棒」。

成為美人的首要條件，就是臉蛋要夠小。現在，請你把你的右手舉起來，把手腕放到下巴的位置，如果你的中指可以碰觸到你的髮線，那麼恭喜你，你已經夠格加入小臉俱樂部了！碰不到的，也請不要灰心，那絕對不是你臉太大的緣故，而是因為你的手實在太小了。

臉蛋小，人看起來就比較美，這是什麼原因呢？我們可以在嬰兒的身上找到答案。一般人只要看到嬰兒流著口水肥嘟嘟的臉蛋、又胖又短的小腿、細得根本握不住東西的手指，就會由衷的發出一聲讚嘆：「哇！好可愛喔！」

明明跟美學觀點大異其趣的東西，人們卻圍著他拼命發出類似便秘的聲音——完全只是因為他夠嬌小。

男人在乎自己尺寸的大小，女人更在乎自己臉蛋

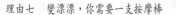

的大小，差別只在於男人以XL為榮，女人恨不得自己越迷你越好。特別是一群人一起拍照的時候，肉餅臉似乎有責任為自己在照片上佔了太多的空間而感到抱歉；因為臉大，所以不愛笑，怕自己一笑，整張臉就像米老鼠一樣被撐得更開，只好被迫耍酷裝冷漠。因為臉大，所以開始蓄長髮，希望用頭髮來遮住半邊臉，豈知這樣看起來更像一個披頭散髮的「貞子」！因為臉大，即使不胖也顯得福泰，卸妝後看起來簡直像個歐巴桑。因為臉大，從來不曾有人形容你為漂亮，只會有好心人士稱讚你「可愛」。

　　大臉不是醜，卻足以讓人沒自信。沒有人喜歡把自己的臉和月餅、肉圓聯想在一起。

　　坊間有許多纖美緊膚霜、小臉面膜可供參考，有恆心一點的還可以兼做一些瘦臉運動，藉由臉部的各種表情使肌膚緊實，據說只要持之以恆的鍛鍊，可以達到不錯的效果。勇敢一點的人可以嘗試看看「整骨」手術，由醫生拿著棍子、木板或鑽子這些原本應該用

來對付牆壁的東西，在你的臉上敲敲打打，只消狠狠敲打個十分鐘，就可以把你由肉餅臉變成瓜子臉，而且保證不會打腫你的臉，頂多只會讓你痛得哇哇叫。

和「多做運動會變瘦」的原理一樣，臉部也是需要運動的。四肢的運動可以偷懶，臉部的運動當然也可以偷工減料，只要交由機器來幫你動就行了！小臉按摩棒是一種專為瘦臉發明的機器，如手電筒一般大小，每分鐘震動一萬五千次，立刻活化臉部每一吋肌肉，使臉部急速消瘦。

這種按摩棒當然是躺著用比較方便，不過，躺著的時候要怎麼樣才可以看到自己的臉呢？

除非你家的天花板裝鏡子，或是你的眼睛長在頭頂上，不然躺著的時候當然看不見自己的臉。有鑑於此，瘦臉這項工作最好是交由另一半來為你服務，讓他拿著按摩棒在你臉上輕輕按摩……，不必擔心，這個工具的操作方式十分簡單，而且保證與智商無關！

小臉按摩棒專門？「女王」們所設計，你只需要

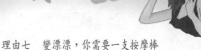

舒舒服服的躺在床上，就會有「男僕」隨侍在側，讓你的血液加速行進，達到更好的功效。相信我，這絕對會比另一種按摩棒來得更過癮！我的一位朋友在使用了這種按摩棒之後，夫妻之間感情變得非常好，不知道是因為他們玩出興趣來了，還是因為太太的臉真的變小了？

無論如何，女人只要一聽到可以讓自己變得更美，是任何方法都肯嘗試的。

實驗發現，人類幾乎憑著直覺就可以分辨一張臉的美醜。這項理論來自於哈佛牙醫學系的講師唐納‧吉登（Donald Giddon）利用一種電腦軟體，讓參加實驗的人用滑鼠修改螢幕上的臉孔，凡是不滿意的地方都可以用滑鼠點擊，修改到滿意為止。結果顯示，人類五官裡任何十分細微的變化，都對美醜有非常大的影響，有時候，僅僅是增減個半公分之差，就能讓一張臉由醜變美，或是由美轉醜。

因此，使用各種方式來讓我們的臉蛋一平方公

漂亮30

鼇、一平方公釐的逐步縮小,是多麼值得我們終生努力的一件事。

笑一個,你會更漂漂

超級自戀的老婆一邊照鏡子一邊陶醉其中:「我想,我前世一定是位仙女,現在下凡來到人間……」

「嗯,」老公看著電視,頭也不抬的說:「不過下次降落的時候小心點,不要又是臉先著地了!」

理由八 變漂漂，你需要測謊機

　　莉莉不快樂的躺在床上，她第十五次的減肥計畫又宣告失敗了！

　　本來，一切都進行得好好的，她已經連續喝了三天的瘦身湯，不吃任何高熱量的食物，並且每天固定運動一個小時。直到今天早上，她發現了冰箱裡的那塊蛋糕，上面有她最喜歡吃的鮮奶油和巧克力，從橫切面還可以看見甜甜的水蜜桃和軟軟的布丁，莉莉告訴自己：「一口就好，只要一小口就好！」她伸出魔爪，準備要對無辜的蛋糕痛下毒手。那一瞬間，她良心發現，想起自己這幾天以來苦心維持的減肥計畫，若是現在如此輕易的屈服於美食面前，豈不又要功虧一簣？

　　只是……只是，蛋糕上的草莓嬌豔欲滴，用奶油擠出來的玫瑰白裡透紅；莉莉實在不捨得移開視線。反正這幾天瘦身有成，已經少掉兩公斤了，現在犒賞一下自己，應該不為過吧！再說，自己也不是太胖，祇是稍微圓潤了一點而已，多吃這幾口，又有什麼關係呢？晚上再多做幾下運動彌補就好了。

　　做好了心理建設，莉莉像個小偷似的，迅速把蛋

糕塞進嘴裡，然後三口併作兩口狼吞虎嚥的吃掉，啊⋯⋯真是人間美味啊！如果現在當機立斷、到此為止，也許結果還不至於如此令人失望，只是，在嚐過了這麼甜美的滋味後，怎麼還能忍受那些平淡無味的青菜豆腐呢？於是，莉莉接著又吃了一塊披薩、一根熱狗、一個大漢堡，外加一罐可樂，一碗紅豆湯⋯⋯，一口氣把這幾天省吃儉用的份量連本帶利的收回來。

　　飽餐一頓之後，莉莉馬上就後悔了。為了自圓其說，她只好繼續自我催眠：「其實我這樣肉肉的也很好看！」「吃飽了才有力氣做運動。」「減肥最重要的是健康，我可不想做病懨懨的瘦美人！」藉口是人想出來的，只要自己願意相信，旁人多說也無益。

　　因為吃得太飽，莉莉癱在床上，一步也動不了，更別說做什麼運動了。幾天的心血就這麼在幾分鐘之內瓦解，莉莉不得不承認，她生平第十五次減肥已經徹底失敗！

　　更慘的是，那塊蛋糕⋯⋯原來是哥哥特別訂做準備拿來送給朋友的！這下好了，莉莉實在不知道該如

何向哥哥解釋，蛋糕好好的放在冰箱裡怎麼會不翼而飛。她不是正在減肥嗎？

喔，是的，她正在開始她的第十六次減肥呢！

阿拉伯有句諺語：「人若是不想做，會找一個藉口；人若是想做，會找一個方法。」任何事皆如此，最容易欺騙你的不是別人，而是你自己。當你受不了飢腸轆轆之苦，你會告訴自己，「吃一點點沒什麼大不了！」當你無法平息口腹之慾，你會告訴自己，「快樂比美醜來得重要。」當你覺得運動很累很辛苦，你會說，「少做一點沒關係，節食減肥比較有效。」而當你挨不住飢餓想解饞，你又會反過來對自己說，「我還是多做點運動好了！」

是不是？只要是你不想做的，你永遠不必擔心找不到藉口！

減肥的人說得最多的一句話，就是「從明天開始」；相貌平庸的人最常做的一件事，就是假裝不在意自己的外表。

不誠實面對自己的結果，只會讓明天永遠是明天，醜小鴨長大之後變成醜大鴨。美麗依然只是個夢想，和你的距離依然同樣的遙遠……

變漂漂，你需要不說謊。至少，不要對自己說謊。

明明很想要再瘦個五公斤，你為什麼要欺騙自己「這樣也很好」？明明不滿意自己的塌鼻子，你為什麼要安慰自己「自然就是美」？愛美是人的天性，是我們與生俱來的本能。在這個資訊發達、科技進步的時代，醜小鴨變天鵝已經不再是童話，而是女人自然的進化。你該做的不是克制自己嚮往美麗的那顆心，而是把它貫徹到底，用行動來證實後天美女的傳說。

為了避免半途而廢，努力追求美麗的女子都該要有一台測謊機，在你禁不起考驗試圖自圓其說時予以無情的揭穿。

比方說，美食當前。而你的身材已經趨近於完美，多吃幾口其實長不了多少肉。嗶嗶，嗶嗶，你在欺騙自己。

比方說，筋疲力盡。你加了一個晚上的班，卡路里

漂亮30

早已供不應求,就算少做幾個仰臥起坐也沒有關係,明天多做幾個補回來就好了。嗶嗶,嗶嗶,你在欺騙自己。

比方說,一天只睡一小時。既然熊貓眼如此陰魂不散,不如就把它當成最自然的眼影吧!嗶嗶,嗶嗶,你在欺騙自己。

就是這樣,嗶嗶,嗶嗶,在每次想鬆懈、想放棄的時候及時警告自己,嗶嗶,嗶嗶,用適時的鞭策來讓事情漸趨完美。

事實證明,所有的美麗,皆來自挑剔。

笑一個,你會更漂漂

甲:「哇!你看對面那個女生,長得還真是山珍海味啊!」

乙:「你是說她『秀味可餐』嗎?」

甲:「才不是咧!我是說她長得『好菜』!」

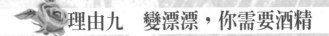
理由九　變漂漂，你需要酒精

漂亮30

微醺的醉意不但可以映襯紅靨，也會為眼神添上一份朦朧美，正所謂「人面桃花相映紅」，些微的酒精還可以釋放出平日封藏著的性感與坦蕩。女人加上酒精所引發的化學作用，總能讓男人不得不多看兩眼。

貴妃醉酒的美讓唐明皇流連忘返，就連千百年後，張國榮在電影「霸王別姬」中演出「貴妃醉酒」時，都被評為「張國榮的貴妃妝比虞姬妝更美；許是那醉後眼神，顧盼間的幽怨悽婉，更甚虞姬『從一而終』的勇敢。」

我的一位男性友人告訴我，「酒後的女人之所以特別有魅力，是因為她們有別於以往的自己」。

酒精讓男人暈眩，令女人OPEN。

尤其是在台灣這片土地上，到處充斥著飲酒文化，你可以看到在Lounge Bar裡 Hello來Hello去的妖嬌女子，也可以見識到海產攤上「呼答啦！」的酒國英雌。這兩者的共通之處，就是幾杯酒下肚之後，她們多半不會是一個人回家。

　　酒精的神奇魔力之一，就是可以讓人卸除武裝，恢復真我本色。平時氣若游絲的女子，可能在酒精的薰陶之後，出口三句不離髒話；平時獨立堅強的女性，也可能經過酒精的洗鍊，變得柔若無骨、小鳥依人；平時呆板平庸的壁花，可能在酒精的改造之下，變得舉止輕盈、風情萬種；平時出塵不染的仙女，也可能在酒精的作用之下，益發變成一個千嬌百媚的魔女。酒精引發出人性的另外一面，這種自然不矯作的神態，正是令人心悅臣服的魅力所在。只是，一切的放縱最好都要適可而止，過則不美。

　　另外一位朋友對「喝酒」這件事則有不同的看法。他認為，女人最美的並不是把酒喝進去之後，「喝酒」這個動作本身就已經夠撩人了。

　　他堅持女人只能用高腳杯喝酒，（這純粹是因為美感的關係，請各位不要把他和沙文主義聯想在一起。為了表示自己的清白，他還特別附加說明一句：真正沙文主義者應該會堅持女人只能用酒瓶喝酒吧！）

喝酒的美感，來自女人用纖長的手指夾起酒杯，緩緩的拿到唇邊，讓唇色與酒色相映成輝，輕抿一口，讓醇酒滑潤入喉，再以同樣優雅的姿態放下酒杯。此時，酒杯的邊緣印著女人的半邊唇印，冷與熱的交疊、鮮紅與透明的結合，引人無限遐思⋯⋯。從頭到尾，我們沒有真的看見女人的臉：但是光憑動作，我們已經把她認定為「美」。你怎麼能不相信，酒精真的可以讓人變漂漂？

還記得電影《心動》裡，梁詠琪打扮成學生的可愛模樣嗎？為了鼓起勇氣向心愛的人告白，梁詠琪在Party上猛灌雞尾酒，酒精的作用使她暫時得以放鬆心情、跟著音樂搖擺起舞。沒想到天卻不從人願，當她好不容易來到金城武面前時，才一開口，就吐了對方一身，最後只好躲進廁所裡抱著馬桶，獨自為自己的失態痛哭流涕。

即使是純情少女，也離不開「酒後的心聲」。酒精讓人忘卻自己的身分，表現出來的只是個完完全全的

「女人」，集女人的真誠與率性、驕傲與脆弱於一身，當然比平時散發出更多的「女人味」。要知道，這區區一點不同的正是「女人」與「女孩」的天壤之別！

　　不過，如果你是沾了一滴酒，臉就立刻紅得像猴子屁股、乾了一杯便應聲倒地的那一種，勸你還是不要輕易挑戰喝酒。不如把心思放在努力為對方倒酒，等到他喝到醉眼矇矓時，你看在他的眼裡也會變得漂亮一點的。

漂亮30

笑一個，你會更漂漂

　　某家百貨公司有位專櫃小姐穿的裙子很短，客人看見了，便走上前去對那位小姐說：「小姐，如果你把裙子往上拉兩公分，我就給你兩百元。」

　　小姐二話不說，接過客人給的那兩百元，立刻照做！

　　好色的客人食髓知味，又說：「如果你再把裙子往上拉兩公分，我就再給你五百元。」

　　那位小姐覺得很麻煩，便對客人說：「你乾脆給我一千塊，我給你看女人生孩子的地方。」

　　「喔！真的嗎？你們的服務真是太好了！」客人口水直流，很高興的遞給小姐一千元。那位小姐馬上拉開旁邊的窗簾，指著對街的婦產科診所說：「你看！那就是女人生孩子的地方。」

理由十　變漂漂，你需要虛榮心

　　從小到大，我們的教育一直告訴我們，虛榮是一個壞東西。人要有榮譽感，但是不可以有虛榮心，試問兩者之間的差別在哪裡呢？

　　常春藤美語雜誌的創辦人賴世雄先生，在被問及他當年是如何痛下決心學英文時，他說：「是出自於虛榮心。」

　　中國第一位模特兒作家姜培琳也曾說過：「虛榮是我最大的動力。」

　　「榮譽」指的是一個人的信念；「虛榮」則代表了別人的眼光。無論是多麼悶騷的人，內心都會有想要表現自己的慾望。平時蓬頭垢面沒關係，但是在人前，我們一定會「被迫」表現出自己最好的一面。有時候，我們的表現好到連自己都驚訝，原來自己竟然可以這麼好！這完全歸功於虛榮心作祟。

　　如果虛榮心可以激勵一個人向上，我們為什麼不繼續虛榮下去呢？

　　電影《麻雀變鳳凰》中有一個片段，穿著不起眼

的茱莉亞蘿勃茲來到一家名牌服飾店，才剛走進去，店員就冷冷的對她說：「這裡的衣服妳買不起。」旋即把她趕了出去。後來，她遇到了富有的李察吉爾，搖身一變成了枝頭上的鳳凰，李察吉爾給了她一張金卡，讓她可以盡情的購物；這時，她第一個想到的就是那家店。

人固然不能忘卻自己的本質，但也不能不去理會別人的眼光。

小小的虛榮讓我們學會從別人的角度看自己，學會透過別人的眼睛對自己展開評價，學會去追求某些不切實際但是可以令自己快樂的東西。虛榮心啟發了人們改變自己的決心。

伊索寓言裡有則故事：

　　　　一隻小鹿在河邊低頭喝水時，突然發現，倒映在水中自己頭上的那隻鹿角，是如此的美麗，牠不禁沾沾自喜，感到有些驕

傲；可是當牠把視線一路往下移時，卻看見
自己細瘦如柴的四肢，頓時覺得十分自卑。

　　就在這個時候，兇猛的獅子出現了，小
鹿拼命的往前奔逃，用輕盈的雙腿越過草
原，跨過大石，眼看著就要把獅子甩掉時，
牠頭上那對美麗的鹿角，竟不小心勾住了林
中的樹枝而無法動彈，進退不得之際，獅子
無情的逼近。

　　原以爲脆弱無用的四肢，卻能在危急之
際幫助牠掙脫獅子的追逐；而一直引以爲傲
的鹿角，卻意外的令牠陷入死亡的困境。

這則故事原來是要告訴大家：不要太過貪戀外在
的美麗。然而，古往今來，眞正因爲美麗而喪命的又
有幾個人？

遭遇危難的時候，美麗也許眞的會爲你帶來不
幸，但是在其他風平浪靜的日子裡，美麗的外表對女

64

人來說卻是百利無一害。而人生的道途上，碰上晴天的機會畢竟比暴風雨的日子要來得多。

美麗不是罪惡。一個人努力展現他擁有的東西、勇敢追求他尚未擁有的東西，無論如何，都不該是錯的。只是在要求美麗之餘，還要做好資源分類，?「我喜歡的」、「我不喜歡的」劃清界線，把「適合我的」、「不適合我的」標示清楚，讓美麗不等於「盲目追求流行」，讓時尚不是「你有我有大家有」。當一個人開始在意別人的眼光，試圖想要爭取更好的評價，就是她得以把變鳳凰的潛力發揮到最大值的時候。

女人雖然喜歡鏡中的自己，卻更希冀從別人的眼中發現美麗的自己。美麗有很多種方式，不一定要成為NO.1，但一定要成為ONLY ONE。這是女人的虛榮！

漂亮30

笑一個，你會更漂漂

　　一個西方小朋友不幸么折了。小朋友活潑可愛、天真無邪，死後自然上了天堂。

　　上帝摸了摸小朋友的臉頰，慈祥的說：「好可愛的小朋友啊！金頭髮藍眼珠白皮膚，來，給你一對翅膀，去當天使吧！」

　　不久，又有一個東方小朋友不幸么折了，上帝同樣摸了摸他的臉頰，親切的說：「好可愛的小朋友啊！黑頭髮黑眼珠黃皮膚，來，給你一對翅膀，去當天使吧！」

　　緊接著，又有一個非洲小朋友也不幸么折了，上帝摸了摸他的臉頰，說：「好可愛的小朋友啊！黑頭髮黑眼珠黑皮膚，來，給你一對翅膀，去當……去當蝙蝠吧！」

 理由十一　變漂漂，你需要黃金比例

曾經有人做過調查，幾乎所有的亞洲女性一致公認歐洲女性的身材最棒、比例最佳，這可能是受了太多歐美文化薰陶所致。除了螢光幕上的美人兒之外，真實生活中的歐美女性，絕大多數都是屬於「重量級的」。不過，西方女性身材高挑、曲線玲瓏著實是亞洲人比較欠缺的。

對於身體各部位的「密碼」，亞洲各國的女性都抱持著不同的看法。

日本年輕女性的平均腰圍是23.5吋，她們希望自己能夠再瘦一點。

北京的年輕女性平均身高達161.5公分，這已經是全中國女性平均身高最高的一個城市，可是她們仍然希望能夠再高一點。

台灣女性偏愛倒三角形的身材，這可能和她們對「西洋梨」的恐懼有關。

香港女性崇尚苗條，但是瘦歸瘦，她們希望全身的脂肪都能堆到胸部上面，讓胸圍再長大一點。

　　泰國女性比較特別，她們普遍希望自己的臀型能夠渾圓少許。

　　而平均身材較其他幾個國家豐腴的新加坡女性則認為「豐乳細臀」最美。

　　調查發現，印尼的年輕女性對自己的身材最有自信，她們除了希望臀部稍微小一點之外，並不希望自己的身材有任何改變。

　　而全亞洲女性心目中最理想的身材為：身高160.5公分，體重49公斤，三圍分別是33、24、34。你是否符合這個標準呢？

　　為了達到「增一分太肥，減一分太瘦」的境界，美容業者紛紛推出一套套「黃金比例」理論，非但嘴巴的寬度要是鼻子寬度的1.618倍、腰圍要是臀圍的十分之七，就連手腕的大小、腳踝的粗細也都計算在內。錙銖必較、極其麻煩不說，這可難倒了一大堆對數學原本就不怎麼在行的女性同胞們！

　　為了避免你看到這裡就暈倒，我還是直接舉

個例子，告訴你什麼是美女的黃金比例好了！

　　以一百六十公分的女生來說，如果你的體重正好介於四十四到五十二公斤之間，三圍尺寸是33、23、34，腳踝為21公分，小腿肚35公分，大腿根部50公分，上手臂22公分，那麼你就是一位擁有「黃金比例」完美身型的女人了。

　　只是人非聖賢，誰能期望自己身上的每一寸都像刻出來的維納斯一樣完美呢？美國加州整形外科醫生斯蒂芬‧馬克爾根據人體五官的黃金比例畫出一張圖，結果發現，這張畫出來的天使臉孔和美國女星蜜雪兒‧菲佛出奇的相似！然而，以一般人的眼光看來，蜜雪兒‧菲佛一向是以氣質取勝，而非國色天香的那種美女，好萊塢長得比她標緻的女星多不勝數；維納斯女神固然是黃金比例的代表作，但是以現代眼光來看，她的腰線不免過於碩壯，比起男人有過之而無不及。這不禁讓人懷疑所謂的「黃金比例」只是希臘人一廂情願的發明，還是現代人追求美貌庸人自擾

的證據？

　　我的朋友芬妮說：「這年頭，當女人真可憐！不但要論斤論兩來算，還要一厘米一厘米的計較，一點尊嚴也沒有。」

　　我安慰她：「如果不是這樣，我們又怎麼能享受一厘米一厘米縮減的成就感呢？」

　　畢竟，減輕一磅比減輕一公斤要容易多了，減少一公分也比減少一寸要來得簡單。創造理想身材和創造理想人生比起來，相信絕大部分的人都會對前者比較有信心。

　　「黃金比例」如同沙漠中的海市蜃樓，為我們製造了美麗的幻覺。然而，你大可走出沙漠之外，追尋更多比黃金更耀眼的美麗。

漂亮30

笑一個，你會更漂漂

浴室傳來太太的一聲尖叫：「老公，我快要破七十公斤了，怎麼辦？」

丈夫提出中肯的建議：「妳該做運動。」

太太問：「要做什麼運動呢？」

先生回答：「就做轉頭運動好了！很簡單的，你只要先把頭從左邊轉到右邊，再從右邊轉回左邊。」

太太試了一下，的確既簡單又輕鬆，她接著問：「我一天應該要做幾次呢？」

先生說：「不一定，但是只要有人請妳吃東西，妳就做這個運動，直到那個人離開為止。」

72

理由十二　變漂漂，你需要小心眼

煙灰缸裡堆滿了煙蒂，男人魂不守舍的來回踱步，一副等待許久的樣子。

今晚，他要和太太到一個多年不見的朋友家吃飯。眼看距離約定的時間只剩下半個小時，如果幸運不塞車的話，車程大約會花去二十分鐘，然而，太太卻完全沒有踏出房門的打算。要知道，她已經在裡面待了整整一個多小時。

十分鐘之前，他去敲她的房門，她說她正在化妝，就快好了！

十分鐘的十分鐘之前，她匆匆忙忙的跑出房間，問丈夫她的鞋子要搭黑色的好，還是白色的好。

他很想說，「只要不遲到就好！」但是為了避免無謂的爭吵，他只好煞有其事的左看看右看看，叫她穿起來轉一圈看看，然後鄭重的宣布，「黑色的好！」

沒想到她卻一臉疑惑的反問：「為什麼不選白色的呢？」真叫人不知道該如何是好！

在「鞋子PK大賽」之前的十分鐘，他才剛經歷過

一場「衣服選美大會」，有一種歷劫歸來的感覺。

　　他實在搞不懂，為什麼女人總有本事一針見血的挑出每一件衣服的缺點，這一件穿起來太胖、那一件顏色不夠亮麗……等等，如果真是如此，當初快快樂樂刷卡時，怎麼一點兒也沒有發覺呢？

　　在挑選衣服之前，她還好整以暇的泡了個澡、敷了面膜，這也著實讓他悶了好久：昨晚睡覺前不是才洗過澡嗎？怎麼不到半天的功夫，她又髒了？

　　時間一分一秒毫不留情的走過，再不出門，鐵定會遲到！

　　男人不耐煩的推開房間的門，看見太太正在低著頭，仔仔細細的為每一根腳指甲塗上綠色的指甲油。男人看得臉都綠了，「都快遲到了！你居然還有閒功夫做這種事！」

　　「遲到個幾分鐘有什麼關係？給人留個好印象比較重要嘛！」她委屈的反駁著，看不出來手上的動作有任何加速的打算。

漂亮30

「拜託！你穿的是包頭鞋，誰會看得見你的腳指甲？」

「可是到了人家家裡，就要換拖鞋了呀！」

男人深呼吸一口氣，克制住要噴火的衝動，「這就對啦！你換上拖鞋，誰還管你的指甲是綠的還是紅的？」

「可是……可是……在我脫鞋子和穿鞋子中間，總會有人看見我的腳指頭啊！」

唉！真是敗給她了！

諸位男士不必為自己的遭遇感到悲哀，女人愛美的天性不但無遠弗屆，而且還無孔不入。別說是腳指頭了，真正愛美的女性是會連腳指頭間的縫縫也不放過的！

長睫毛、小貝齒、輕盈髮梢……，美麗正是從這些小細節一點一滴累積起來的。你能想像一個大美女一張嘴就露出一排黃板牙，或是一伸出手，指甲周圍

鑲著一圈黑邊嗎？那可真叫做「可遠觀而不可褻玩焉」了！

　　無論是天然條件再好的美女，一點點小瑕疵都足以破壞你的美麗，給你致命的一擊。因此，想要變漂漂，你絕對需要一雙比別人更細膩、更敏銳、更斤斤計較的「小心眼」。

　　有了這雙小心眼，你會隨時注意自己下巴的份量，連微笑的角度也會練習至完美。

　　有了這雙小心眼，你會近乎苛求的雕塑自己身材的曲線，增一寸減一寸都逃不過你的法眼。

　　有了這雙小心眼，你會全心全意呵護你的臉，讓別人無法挑出一絲小缺點。

　　當然，小心眼不只適用於自己身上，用來搜尋理想對象也是同樣的好用。不過，這只適用於孤獨無依的單身人口；若是你已經選定了百分之百的完美對象，奉勸你還是睜一隻眼、閉一隻眼。

笑一個，你會更漂漂

一對新人在教堂結婚，婚禮完畢後……

伴郎問新郎：「你幹嘛一副苦瓜臉？」

新郎哽咽的說：「我剛才問牧師要付多少費用，他說原本是不收費的，大多數人都會根據新娘的美醜來捐獻；新娘越漂亮，捐的款目就越多。」

伴郎問：「那你捐了多少錢？」

新郎回答：「我有自知之明，所以只捐了一塊錢……」

「那不是很好嗎？嫂子真是賢良淑德啊！才剛過門就替你省了一大筆錢，你為什麼要哭？」

新郎：「因為……因為，牧師他竟然還找了我五毛錢！」

理由十三　變漂漂，你需要千里耳

自從那個阿花進公司以後，整個辦公室就沒有一刻安寧過。

每天打扮得花枝招展就算了，她還拼命介紹給同事一些美容的小偏方，什麼綠豆粉、薏仁粉啦！DHC的卸妝油、植村秀的睫毛膏啦……，她還真以為自己是朵花嗎？

說真的，阿花長得倒也不難看，只是她的那一身打扮，加上一天到晚掛在嘴上的美容經，總不免令人把她和「庸脂俗粉」這幾個字聯想在一起。

自己可就不同了！小芳想著，雖然她已經三十出頭了，卻還維持著二十多歲少女般的身材。她從不化妝，更遠離菸酒，只要偶爾搽上一層淡淡的唇膏，馬上便會有人稱讚她「今天怎麼這麼漂亮！」哪像那個阿花，臉上的粉塗得像抹牆壁似的，卻仍然掩飾不住眼角那一層厚厚的魚尾紋。

只是，不知道從什麼時候開始，小芳發現自己真的老了。先是臉上的光澤消失不見，後來連頸子上的

肌膚也開始鬆弛，好在現在是冬天，穿上高領的衣服還勉強可以粉飾太平，若是到了夏天，這可怎麼辦才好呢？

今天下午，阿花又在辦公室裡發表她的美容高見。從絲襪的選擇一路談到現在最新流行的隱形胸罩，真是羞死人了！這麼私密的話題，她居然可以臉不紅氣不喘的在那兒高談闊論，也不想想，還有男同事在呢！一如往常，小芳更加專心的低下頭來，試著把自己隱沒在高高的文件之中，她是不屑和這樣的女人共處一室的。

突然，阿花的一句話不期然的飄進了她的耳裡。阿花說：「女人過了三十歲，再不保養就不行了！平時要多補充維他命E，否則肌膚就會開始鬆弛。特別是脖子，鬆垮垮的像雞脖子一樣，多難看啊！現在不開始保養，等到真正老了，搽什麼化妝品也救不了你。」阿花還拉低領口，展示了一下自己光潔緊實的脖子，惹得眾人又是一陣驚嘆。

　　維他命E？眞的這麼有用嗎？那天下班之後，小芳特地繞到藥房買了一瓶，每天早上按時服用一顆，一天也不敢間斷。幾個禮拜下來，她的膚質果然有了很大的改善，不但難看的雞脖子不見了，皮膚也恢復了往日的光彩。夏天一到，小芳穿上無袖低領的背心裙，任誰也看不出來，她已經超過三十歲了呢！

　　現在，再聽到阿花的聲音，小芳已經不再覺得刺耳。這個世界上總需要一些像阿花一般古道熱腸的人，否則那些小道消息要靠誰來散播呢？

　　流行主義千變萬化，美容商品層出不窮，如果沒有一雙夠靈敏的耳朵，你如何跟得上時尚的潮流？

　　架上陳列的商品超過一百種，哪一瓶最適合你？電視上眾家美女爭相代言，誰說的「才係金A」？在這個資訊四通八達的時代裡，唯有蒐集更多的訊息，你才能去蕪存菁，找出其中最有用的一項。

　　這也是爲什麼，阿嬤時代的古早秘方能夠流傳至

今，「聽說」永遠比「廣告」值得相信的原因。我們的生活，終究離不開人際的傳播，因此想變漂漂，你必須二十四小時豎起耳朵。

如果想要改變髮型，你必須打聽好哪一位設計師最具口碑，而且價格實在；如果想要去除嬰兒肥，你必須知道哪一位醫生技術最優，而且口風最緊；如果想要改變造型，你必須知道哪裡可以找到好貨，而且不容易撞衫；如果想要緊急救援，你必須知道黃瓜和茶包的作用，哪一種比較Easy沒Trouble。

看看那些美麗的女明星，她們身上永遠找得到一些秘密武器，像是深淺色粉底搭配使用畫出巴掌臉、十四天狂瘦六公斤的獨門密技，或是塗上七層睫毛膏製造捲俏睫毛……，沒有這些小秘方，她們怎能每次出現在鏡頭前，都顯得如此容光煥發？所以說，愛美的女生一定要夠八卦才行！

 笑一個，你會更漂漂

太太：「老公，你看我這新燙的髮型會不會讓我看起來很醜？」

老公：「當然不會啦！」

太太：「真的一點都不會？」

老公：「真的！一點都不會。因為妳的醜跟妳的頭髮完全沒有關係……」

理由十四　變漂漂，你需要傲慢與偏見

　　艾倫獨自一個人坐在吧台邊，表面上，她正在盯著杯子裡的冰塊；實際上，她正用眼尾的餘光打量著身邊的男士。

　　今晚，這家Pub的生意並不好，來來回回的，不外是那幾個醜男人，艾倫一個也沒有看上眼。

　　她是這家Pub著名的吧台女王，總是坐在吧台邊，一個人，啜著加了冰塊的威士忌。平均每一個晚上，都會有三、四個不同的男人，湊近她的身邊，禮貌地詢問可不可以請她喝一杯。

　　若是這個男人未達及格標準，她便不給面子的理都不理。即使看上眼的，她也會故作冷漠，驕傲的說：「你很好，但是，不是我的Style。」

　　「那……什麼才是你的Style呢？」總有一、兩個不死心的男人會這麼追問著，艾倫就是欣賞他們這種打破沙鍋問到底的自信。

　　「等我遇到的時候……我再告訴你。」艾倫一面說一面走向門口，這時候，若是男人有勇氣追上來拉住

她的手，她會毫不猶豫的跟他走天涯，可惜……一次
也沒有。

　　艾倫知道，自己並不是那種條件極佳的美女，但
是在Pub黯淡的燈光下，傲慢的氛圍加上一點獨特的品
味，總會令男人不得不多看兩眼。雖然冰山美人的時
代已經過去，但是令男人無法捉摸的女人，仍然吃
香。

　　人嘛，就是這點賤！越是難以親近的，你越是想
要靠近。如果你是絕世美女，你當然必須平易近人以
免招人話柄，但如果你不是，你最好要若即若離以便
自抬身價。檯面上所謂的「第一大美人」，不都是這樣
塑造出來的嗎？

　　話又說回來，如果你表現出來的只是孤傲性格，
你看看有沒有人會甩你！非得加上一些足以和孤傲媲
美的特質，別人才會用心注意你。例如，特殊顏色的
脣膏、淡雅宜人的香味、令人過目不忘的俐落線條…
…，女人要有自己的偏見，才會有絕佳的品味；總要

有幾處引人入勝的地方，才可以吸引別人停駐的目光。

艾倫深知這樣的伎倆，她總是穿著若隱若現的黑色Bra，坐在吧台抽著她的Virginia，一邊享受著旁人偷偷窺伺捨不得移開的視線……。

看來，今夜恐怕又要落單了。艾倫掩飾不住內心的失望，舉杯灌了一大口酒。突然，她的眼睛一瞥，看見其中一位新來的Bartender，那小子長得還真不賴！艾倫決定走向前去，問他Pride加上Prejudice，可以調出什麼樣的Cocktail……

所謂的「傲慢」，指的不是盛氣凌人，也不是得理不饒人，而是女性該有的一種自信與自持。

所謂的「偏見」，指的不是以偏概全，也不是帶著有色眼光看人，而是現代女人堅持的自主與自我。

知名女星舒淇，從台灣前往香港發展，再從香港一路紅回台灣。平心而論，舒淇的五官長得並不是特

別的美，連她本人都曾嘲笑自己有一張唐老鴨的嘴巴，然而她渾身上下卻都散發出一種野性美，舉手投足之間，無處不耐人尋味。舒淇說：「女人就是要有一點自以為是的美，當你認為自己很美麗的時候，別人也會覺得你看起來很美。」

　　不知道你有沒有發現？鏡頭前的舒淇經常噘著嘴。就是這種傲慢又自信的表情，使她一躍而成為國際巨星。

　　不過，光是自以為是還不夠。一個驕傲的人，如果沒有一點值得驕傲的地方，只會被人視為擺臭架子、搞不清楚狀況。因此，美女不但要修身，更必須養性。要先有自己的主張，才不會跟著對方的喜好聞雞起舞；要先有自己的視野，才不會隨波逐流人云亦云，失去自己的本色。

　　日劇《美女或野獸》裡的松嶋菜菜子，平時因女性化的外表而成為男部屬私底下嘲弄的對象，但是當她在工作場合裡，以無比的威嚴號令全體工作人員，

「我說過，最重要的是收視率！」時，所有人都不約而同地在第一時間放下手邊的工作，眼睛都爲之一亮。松嶋菜菜子所表現出來的那股氣勢，爲「新品種美女」做了一個最佳的詮釋。

女人只要抬頭挺胸，就很好看。

大男人要的是什麼？誰管它！小女人的「傲慢與偏見」，才是美麗致勝的關鍵。

笑一個，你會更漂漂

「你認為女人的內涵重要，還是外表重要？」

「當然是外表！」

「真是膚淺！難道你沒聽說過美麗只是短暫的？」

「但是我知道醜陋卻是永恆的！」

理由十五　變漂漂，你需要偶像劇

漂亮30

當膩了辦公室裡的「植物」，奈奈美也有一套自己的減壓方式。

每天下班後回到家裡，皮包一丟、高跟鞋一脫，不顧床鋪多麼誘人的召喚，奈奈美都會狠下心腸直奔浴室，用力的扭開水龍頭，為自己準備一個減壓舒眠、香噴噴的熱水澡。

浴室裡暗著燈，只剩下幾支香精蠟燭在角落一旁忽明忽暗的閃爍著。奈奈美沐浴在溫暖的浴池裡，貪婪的呼吸著漂浮水面的蒸氣，完全忘記了白天的疲勞。

她星眸半閉，幻想自己正在扮演戲中戲。劇裡的女主角白天是個平凡的上班族，到了晚上就搖身一變成為一個傾國傾城的美麗尤物。沒有黑壓壓的厚重眼鏡遮住她迷人的雙眸，也沒有硬梆梆的筆挺套裝包住她修長的美腿，她可以恣意坦露出她的性感鎖骨，在滑不溜丟的肩膀灑上金粉，塗上深紫色的唇膏，用黑色的眼影製造一雙Smoking Eyes。在想像無邊無際的國度裡，她是美人魚，也是灰姑娘；可以隨時上演「東京仙履奇緣」，也可以即興演出「一○一次求婚」。高

92

興的時候，她可以化身為「大和拜金女」；失意的時候，她也可以悠然自得的放自己一個「長假」。

奈奈美的夜晚充滿了無限的可能，浪漫的氣氛使鏡頭轉移了焦點。直到水溫漸涼，夢醒時分，她才意猶未盡的回到現實。

「嗯，今天的我，果然有幾分像江角真紀子呢！」望著鏡中的自己，奈奈美彷彿為她的平凡人生找到了不平凡的新的意義。與其說「戲劇反映人生」，不如說，「再忙，也要陪你演一場偶像劇！」

偶像劇，使我們的人生更美麗。

偶像劇的美好，在於唯美的氣氛加上浪漫的場景、男主角深情款款的眼神以及女主角柔情似水的笑容。除了歸功於強力柔焦打在臉上，放大優點隱藏缺點之外，現實生活中，妳更需要一盞偶像劇的Spotlight。

Spotlight，使妳融入悲歡離合的劇情，一顰一笑都充滿了文藝愛情的氣息。

Spotlight，使妳體會人生如戲，無論扮演美女還是

漂亮30

野獸，用心詮釋好自己的角色最重要。

　　Spotlight，使妳在意自己的一舉一動，無論是吃飯喝水、打呵欠擤鼻涕……，樣樣都必須符合「美女」的標準。

　　Spotlight，使妳從裡到外內在革命，脫胎換骨成爲像女主角般努力上進、不屈不撓的新新女性。

　　拼命追求進步的女人，畢竟比放棄自己的女人要來得可愛多了！

　　刷著油油膩膩的碗盤，等著遲遲不來的公車，你不禁懷疑，人生爲什麼總是缺少了一點偶像劇般的優雅？這個時候，不如假裝自己是偶像劇裡的大美人，以任勞任怨的態度刷洗那一堆怎麼洗也洗不完的碗盤，以平和的心情面對那一部老是遲到讓灰姑娘等候的南瓜車，用積極的想像來對抗那份無可奈何與心浮氣躁吧！

　　當你爲了學業或事業絞盡腦汁，當你爲了一份陷入焦著的感情而愁眉不展，你更要假裝自己有著偶像劇中主角的那一股傻勁。無論環境多麼艱難多麼勉

強，無論前途是多麼模糊多麼無望，你也要努力堅持到最後一秒鐘，兩眼發亮的相信明天永遠有希望。

　　偶像劇的主角不一定長得美，但是專為自己設計自信的表情和流暢的台步，使得她們怎麼看都美。她們不會因為沒人愛而哭喪著臉，也不會因為嫁為人婦而任由身體往橫向長；適度的自我要求激發出人們更好的表現，不論是工作或者是容貌。

　　記住，無論你遭逢的是好事或是壞事，都別忘了保持上揚的嘴角和自信的姿勢，不管你曾經對自己感到多麼自卑，別忘了妳也有成為最佳女主角的權利。隨時隨地保持神采奕奕的表情，將會令你擁有偶像劇般的美麗人生。

　　不論別人怎麼看你，你都要把自己當成一生的偶像。讓今天的妳成為昨天的妳值得崇拜的人，也讓今天的自己成為明天的自己願意懷念的人。

　　偶像劇也許終將落幕，但是偶像劇留在人們身上的影響，卻永遠不會散場。不管是作夢還是幻想，再忙，也要為自己演一場偶像劇！

漂亮30

笑一個，你會更漂漂

一個男人跟一位小姐搭訕，「這位小姐，請問妳爸爸是小偷嗎？」

「真是老套！」小姐心裡雖然這麼想，但是嘴巴上還是配合著問：「你怎麼這樣說呢？」

男人回答：「因為他把天上的星星偷下來放到妳眼睛裡。」

看吧！擺明了就是想追我吧！小姐雖然表現出一副不以為然的樣子，但是內心卻忍不住沾沾自喜。

男人上下打量了一下，接著又問：「那麼，你媽媽是種田的嗎？」

咦！這就沒聽過了，難道他要稱讚我的髮絲飄逸得像和風吹徐的原野嗎？小姐疑惑的問：「為什麼這麼說呢？」

她滿心期待著聽到從男人嘴裡吐出來的甜言蜜語。沒想到，男人卻說：「如果你媽媽不是種田的，她為什麼要把蘿蔔放在妳的腿上……」

96

 ## 理由十六　變漂漂，你需要和比自己醜的朋友上街

「阿舍，這個星期天有空嗎？可不可以陪我去相親？」

又來了！這已經是這個月以來，第五次有人對她提出這樣的要求了。既然大家都是好朋友，阿舍也不好意思陪了這個去，不陪那個去，所以只好勉為其難的答應了。

說起來，阿舍在公司裡人氣還真旺呢！無論左派右派鬥爭得多麼厲害，阿舍永遠屬於中間的那一派；男同事喜歡和阿舍稱兄道弟，女同事也經常圍繞在她左右，如果加薪升官這種事可以由員工投票來決定，阿舍鐵定會高票當選，成為公司裡最德高望重的一員。

然而，她到現在，都還只是一個總機小姐。每天有接不完的電話，及時難得空閒，也必須接收同事們做不完的苦差，順便聽一聽他們怎麼發也發不完的牢騷。最近，她還有個重大的任務，就是在假日的時候，陪著那些單身的女同事東征西討，一同去相親。

自從某一位女同事在公司裡大肆廣播，說有阿舍

在，相親的成功率都會特別高之後，阿舍就成了大家爭相邀請的對象。反正在家閒著也是無聊，阿舍倒也不排斥去插花做綠葉；她是那一種很容易和人熟絡的人，有她在的場合，一定特別熱鬧。最難得的是，她生性淡泊，不喜歡搶鋒頭，每次在把氣氛炒熱了以後，她都不會忘記把話題繞回女主角的身上，讓女主角得以盡情的展現自己的優點。這也正是同事們為什麼特別喜歡找她作陪的原因吧！阿舍這麼想著。

「ㄟ，阿舍真的答應陪妳去相親了嗎？」

「是啊，她人真好，一下子就答應了。」

廁所裡，兩個女生愉快的交談著。「那我真要先恭喜妳了，只要有阿舍在啊！成功率一定是百分之百！」

「難道不用怕到時候人家對我沒興趣，反而看上了阿舍嗎？」

「哼！要是別人的話，妳的擔心還有道理；如果是阿舍，那妳就不用白費精神了。我當初和我老公相親

的時候，也是阿舍陪我去的。我老公說啊，看到阿舍那副尊容，加上那個噸位，他說什麼也要馬上把我娶回家，因為他擔心再挑下去啊……，就只剩下阿舍那一種的了！哈……」

「妳老公講話還真毒，不過……也是真的啦！」

兩個女生笑做一團，一邊擦拭手上的水滴一邊走出了廁所。

蹲在馬桶上的阿舍紅著雙眼，望著外面刺眼的光線，她實在沒有勇氣踏出這裡一步……

這個世界是怎麼了？難道醜人就沒有幸福的權利？美與醜就真的這麼理所當然的決定了一切嗎？我們當然可以仗義執言，大放厥詞的說「內在美比任何外在的美麗都來得重要！」但是，如果現在有一種魔術可以使妳無條件變得更美，妳會不會想試一試？

當一個人走進來，你立刻感到呼吸一窒，這就是所謂的「美麗」了。我們天生的「審美觀」決定了何者

為美，決定了我們會對什麼樣的事物多看兩眼，又會對什麼樣的事物不屑一顧。美醜的分野，早已註定。

男人常說：「我從來沒有見過這麼美麗的女人。」可見美麗是需要比較的。一個一百分的大美女站在一個一百零五分的超級美女旁邊，可能只會剩下九十分；同樣的，一個六十分的女孩站在四十分的女孩旁邊，也可能一躍而成為八十分。這和「月明星稀」有著異曲同工之妙：星星依然耀眼，但和旁邊的明月相較之下，就顯得黯淡了。美女依然美麗，但萬一旁邊出現了更令人矚目的焦點，還有人會去細細欣賞她的花容月貌嗎？

正如矮個子不喜歡站在高個子旁邊，小臉美女在照相時一定會受人排擠，沒有人會願意突顯自己的缺點，好用來襯托對方的美麗。關於這一點，我們是寧可自欺欺人，也不願意接受現實的！

和比自己醜的朋友上街，也許可以讓妳從六十分變成八十分，讓妳因為「比下有餘」而忘卻了「比上不足」。但是，別忘了，朋友的功能並不在於互爭長

短、互相利用,而在於互相扶持、互助合作。

　　莎士比亞曾說:「美麗是上帝賜予女人的第一件禮物,也是祂第一件奪走的東西。」人生在世,比美麗更重要的東西還有很多,比方說,朋友。

笑一個,你會更漂漂

　　阿勇想要交個女友,於是請好朋友志明幫他介紹相親的對象。

　　志明:「是不是要眼睛大大的?」

　　阿勇:「嗯!」

　　志明:「那麼……眼睫毛也要長長的?」

　　阿勇:「當然囉!」

　　志明:「還要有雙修長纖細的腿?」

　　阿勇:「哇……那真是太棒了!」

　　志明:「最好還要有傲人的雙峰囉?」

　　阿勇:「那當然最好!」

　　志明:「嗯……『駱駝』你覺得怎麼樣?」

 理由十七　變漂漂，妳需要靈氣逼人

　　瑞瑞真是羨慕死了凡妮莎！如果可以重新投胎，她希望上帝公平點，把自己也變成像凡妮莎那樣的大美人。

　　凡妮莎……，光聽名字，就已經十分超乎凡塵了，而她可真是人如其名，一點兒也不假。她總愛穿著白色的長裙，唇上點著些許的朱紅，長髮飄逸，活脫脫一副仙女下凡的模樣。不僅如此，凡妮莎說話永遠輕聲細語，吃東西不發出任何一點聲音，走路輕盈得像是凌波微步，一開口就是奧修、波普、托爾斯泰。在公司五年多了，從來不曾有人見識過她發脾氣的樣子，每個人都把她當成仙女的化身、美神的本尊。

　　嚴格說起來，凡妮莎的鼻子有點塌，臉型也顯得有點方，從哪裡看都不算是個完美的大美女，但是她空靈的神態，脫俗的氣質，使得她無論走到哪裡，都有一大票的男人拜倒石榴裙下。

　　像凡妮莎這樣屬一屬二的美人，追求者自然不曾間斷過。然而她卻十分潔身自愛，沒有人聽說過她有男朋友，辦公室裡的緋聞她也總是敬而遠之。上班時

間認眞賣力，下了班後親善合群，每個人都把凡妮莎
當成好同事，但只是「同事」，離「朋友」還有一小段
距離……。

　　唉！人畢竟是沒有十全十美的。凡妮莎的美已經
超出了一般「凡夫俗子」的範疇，沒有人敢在她面前講
些低級的黃色笑話，深怕污染了「仙女」純眞的耳朵；
也沒有人願意在凡妮莎面前坦露自己的私密心事，因爲
在聖潔的「仙女」面前，凡人是會感到自卑的。

　　所有人都跟凡妮莎「很好」，卻沒有一個人跟她
「很熟」。正是因爲如此，凡妮莎的私生活也就益發令
人好奇。沒有人知道她下班之後做些什麼，是刺繡還
是彈鋼琴？也沒有人理解她爲什麼遲遲不交男朋友，
是嫌對方窮，還是嫌對方「俗」？這個世界就是這
樣，越是神秘的東西，人們越是想要揭開她的眞面
目；因此，辦公室裡茶餘飯後的話題，總是圍繞著凡
妮莎這個謎樣的女子。

　　不知不覺已經十一點了，瑞瑞放下手邊的工作，
她是今晚最後一個離開公司的人。等到她走到了停車

場，才發現自己忘了帶車鑰匙，只好又折回去拿。正當瑞瑞轉身往回走的時候，她突然聽見一陣碰撞的聲音，角落旁的那台車裡好像有人影在晃動。瑞瑞定神一看，那是總經理的專屬座車，這麼晚了，總經理怎麼還沒回家呢？

又是一陣激烈的碰撞，這一回，瑞瑞可看得清楚了。車子裡的人影不只一個，而是一男一女，男的是總經理沒錯，那麼女的呢？是他老婆嗎？瑞瑞躡手躡腳的輕輕靠過去，看見那個女披著長長的頭髮，儘管衣衫不整但仍隱約可見她穿著白色的洋裝，喔！她把臉轉過來了！雖然帶著傲慢又頹唐的表情，但是還是可以看得出來……她……她是凡妮莎。

一向高貴脫俗的仙女，原來竟是老闆的情婦！瑞瑞這下子可挖到大新聞了，她得趕快回家打電話向其他同事報告去……，對了，上帝，如果可以重新投胎的話，請祢千萬不要把我變成凡妮莎啊！

美麗的最高境界不只是美，還要美得超乎凡塵、

靈氣逼人，才夠資格令人嘆爲觀止。

《天龍八部》裡的王語嫣，正是以「清麗脫俗」聞名，被評爲「金庸小說裡最美的女人」。如果單單只有美，那只是「俗艷」，非得美的有氣質、美的不像地球人，才配得上「脫俗」這兩個字。

美麗的容貌是天生的，美麗的氣質卻是後天養成的。

有一個很有名的故事是說，一位畫家想畫一張耶穌的畫像，他花了很多的時間，好不容易才找到一位輪廓俊美，看起來十分聖潔的年輕人作爲模特兒，畫家認爲這就是他想表達的上帝的形象。

四年之後，畫家突發奇想，想要畫一幅壞人猶太的畫像，一天，他在酒吧門口碰到一個猥瑣的流浪漢，儼然就是猶太的化身。畫家邀請他到他的工作室去，等到猶太的畫像快完成時，那名流浪漢卻忍不住哭了出來，他說：「其實幾年前我就當過你的模特兒了，當時你畫的是耶穌；沒想到幾年後你畫猶太，竟然也選中我！」

漂亮30

　　由這個故事可以知道，一個人的氣質對外表美醜的影響有多大！在一項「全國最美的人」票選活動中，民眾認為全台灣最美的女人是慈濟的證嚴法師，而最美的男人則是台北市長馬英九。撇開宗教的莊嚴不談，證嚴法師是個光頭，馬英九已經年過五十，卻能擊敗眾多青春無敵的俊男美女，登上美麗的寶座。可見美麗是一種感覺，而不只是表象，美麗的氣質遠比身材長相更重要。

　　所以，請別再抱怨父母沒有把你生好，要怪就怪你為什麼沒有把自己栽培好。把自己從平民百姓提升到超凡入聖的美麗，是每個女人都該有的修煉。

笑一個，你會更漂亮

　　警察局裡，警察偵訊被人毆打的傷者，「你能描述打你的那個人長什麼樣子嗎？」

　　「當然可以，」傷者回答，「我正是因為形容他的樣子所以才挨打的。」

 理由十八　變漂漂，你需要理性與感性

　　理性的女人，獨立、冷靜、聰明。她會精準的指出臉上的每一顆痘痘，並且毫不留情的對付它們；她們堅持只用某種Ph5.5的洗面乳，只逛某幾家風格與價格皆在理想範圍內的專櫃，單單獨愛幾個品牌，並且可以在一分鐘之內朗誦出它的十大優點。簡而言之，她們不會浪費時間，不會浪費力氣，沒有一刻不在算計著投資報酬率，過於理性的女人，只會選擇對自己有利的事來做。

　　記得有一齣港產電影叫做《風塵三俠》，裡頭梁朝偉的女友便是典型理性女人的代表，她每次做愛總在第三十七下的時候達到高潮，完事後立刻推開身邊的男人，彷彿他只是一件性愛機器；男友生日的時候，她送了他一件蕾絲睡衣作為生日禮物，想當然爾，這件睡衣最後又回到了她自己手上。我們可以想見這樣的女人，是會在做愛之後，冷靜的指著用過的保險套說：「這是不可燃垃圾。」或是在分手的時候，理智的提醒對方：「記住呀！不是你甩了我，是我先甩了

你！」即使再怎麼傷心難過，理性的女人會告訴自己：「哭也沒有用！」就是這種冷靜得近乎冷血的態度，令人在她們身上幾乎找不到一絲可愛之處。

　　然而，全無理性的那種女人也同樣叫人不敢苟同，她們的身體感官、細胞神經全受「感覺」這種虛無飄渺的東西所支配。她們會因為一股衝動買下整個專櫃的化妝品，或是為了同情心氾濫而收留了一屋子流浪狗；她們買衣服的原則不是「需要」與「便宜」，而是「喜歡」、「投緣」、「看心情」。一顆長在臉上的不速之客便足以令她們驚聲尖叫，更別提當她們發現自己胖了兩公斤、腰圍增加了半寸時的惶恐心情，感性的女人往往會為了這類晴天霹靂的消息開始感懷身世（自己先天遺傳不良）、自怨自艾（都是因為昨天晚上多吃了那一口飯），一路推想到運途坎坷、命運多舛、紅顏薄命（為什麼這種事老是發生在自己身上呢？啊，一定是因為老天的捉弄！）……想著想著，不禁又流下了幾滴感性的眼淚，遇到這種女人，你通

常只能在一旁幫她提東西、聽她吐苦水，及為她擦眼淚，即使她長得像林青霞，你也無法把「美麗」這個字眼和她這種滴滴答答的濕抹布聯想在一起。

我的一位男性朋友便深受其害，他曾經交往過一個女生，外表長得清秀可愛，是個不折不扣的甜姐兒。一次，他們一起在家裡看卡通「哆啦A夢」，像平常一樣，大雄又被胖虎欺負得滿頭包。沒想到當他的女朋友看到畫面上充滿了星星與線條、大雄被胖虎打得暈頭轉向時，居然「嘩嘩」的大哭了起來。這一哭，黑色的眼線、紫色的眼影隨著淚水交錯縱橫爬了滿臉，兩隻眼睛連帶鼻子都變得又紅又腫，那模樣著實令人看了都想哭。那女生抽噎著說：「我，我覺得……大雄好可憐……」一面說一面哭倒在男人的懷裡。我那位朋友事後說，看到她那副傷心欲絕的模樣，為了表現出男人的風度，他仍然敷衍的摟了摟她，其實那個時候，他心裡根本連一點「喜歡」的感覺都消失無蹤了，只是不斷的默默祈禱：「千萬不要

弄髒我的襯衫！千萬不要弄髒我的襯衫！」

　　獨立專斷的女人少了點女人味，多愁善感的女人又叫人不敢領教。想要成為一等一的美女，你必須要兼具理性與感性。平常的時候溫柔婉約，看到大海就能寫出一首詩；必要時又機智能幹，可以在緊要關頭來一段美女救英雄。時而撒嬌，時而發火，但又懂得適可而止，不至於過與不及。獨處的時候表現得冷靜聰慧像個女強人，但和別人共處時又曉得適時裝傻扮演弱女子，令旁人想保護她、親近她，但又不得不佩服她、尊敬她。

　　現代美女必須強勢，但不強硬；柔軟，但不柔弱。

　　太過理性，會顯得冷冰冰；太過感性，又會熱哄哄，還來不及感動別人，就已經沖昏了自己。究竟感性、理性，應該何去何從？最好的一種方式，是在理性的時候，夾帶著一些感性；在感性之中，參雜一些理性，水火交容，使得剛柔並濟。只是不曉得如此一

來，男人又會需要多少的熱情與冷靜？

笑一個，你會更漂漂

女生有四種：

第一種女生，是美麗型的。

第二種女生，是屬於可愛型的。

第三種女生，叫做「妳媽媽真好」，她把妳生得這麼醜卻願意養得這麼大，證明了她的確是一位好媽媽。

第四種女生，叫做「妳媽媽真壞」，把妳生得這麼醜卻放出來嚇人，妳媽媽真的好壞！

理由十九　變漂漂，你需要專業

漂亮30

　　什麼樣的曲線最玲瓏？什麼樣的五官最出色？這一季什麼樣的彩妝最IN？什麼樣的服裝又最HITO？漂亮對女人而言，是花費再多時間也研究不完的課題，這個時候，你需要尊重專業。

　　美麗在這個城市裡儼然已經是一項服務業，你隨時可以找到專人來為你梳妝打扮、幫你設計造型，就連身上多餘的贅肉都可以交給專家來替你頭痛。這些服務的價值不在於商品本身，而在於只需花一點點小錢，就可以買到設計師絕佳的品味，難怪永遠都有不少的女人趨之若鶩。

　　如果你衣櫃裡的衣服總是穿過一季就顯得過時，或是有很多人告訴過你「你不化妝的時候比化妝好看」，那顯然是你的品味出了一點問題。雖然流行變幻的速度飛快如梭，但美醜的觀點卻不容輕易變更，真正好看的東西即使褪了流行，也不會一下子就從「驚為天人」急速淪落至「驚悚絕倫」。

　　若是你對自己的品味不具備太多的信心，建議你

在購物時最好多聽聽店員的建議（拼命鼓吹你把卡刷爆的黑心店員除外）。專櫃小姐的眼光不一定比妳好，但是她們每天在這個環境攪和，對哪一款服飾銷售狀況最好、哪一種人適合哪一類商品……應該都會有比較具體客觀的概念。「以多數人的意見為意見」，是你在無所適從時最值得遵從的中間安全路線。

　　有些服飾店的店員是由老闆或是品牌設計師兼任的，光顧這一類的店，妳等於賺到了一個免費的造型師，他會對你從頭到腳的打扮提出鉅細靡遺的建議，只是這種個人風格濃厚的店，商品價格通常也會比一般大眾服裝店來得高，可見好的品味，是多麼「可貴」！至於值不值得，這就是一道見仁見智的問題了。

　　我曾光顧過西門町一家由專業設計師一手打理的小店，店家規定一次只接待一組客人，並會認真的提供每位客人「良心」的建議。我曾在那家店看上了一件深得我心的白色T恤，但是老闆卻建議我選擇另外一

款較便宜的白T恤，並堅持那一件比較適合我。

　　真是怪了！居然有人把送上門的生意往外推？在拗不過老闆熱忱的推薦與個人強烈的偏愛之下，我乾脆一口氣把兩件T恤都帶回家，反正來日方長，穿這類衣服的機會還有很多嘛！

　　只是說也奇怪，我所喜愛的那件白T恤在穿過一、兩次之後，就莫名其妙的被我覺得礙眼，但又說不上來究竟是哪裡奇怪，如今已不知道流落到哪一家舊衣回收中心去了；而老闆當初大力推薦我的那一件T恤，至今三年多以來，都仍放在我衣櫃裡最顯眼的一處……沒辦法，誰叫我每次只要穿它出門，都會被人從街頭誇讚到巷尾呢！

　　有了那一次經驗之後，我開始相信，「專業」絕對是美麗最好的依歸。

　　我的髮型設計師也經常向我抱怨，台灣客人總是一坐上來，就指著流行雜誌上的模特兒說：「我要剪成這個樣子！」一點也沒考慮到自己是看不見下巴的

大餅臉，而人家是細細長長的小臉；自己的頭型又扁又平，而人家的頭型飽滿渾圓得像顆球；以為光憑設計師的一把剪刀就可以把麻雀變鳳凰，結果卻把自己變成了一隻頂著鳳凰羽毛的烏鴉，還反過來責備設計師技藝不精，「真想叫她找過了整形醫師之後再回來找我！」那位設計師忿忿不平的說。

　　俗話說：「人要衣裝，佛要金裝。」素著一張臉的女人，個個看起來都差不多，但是刷上胭脂，穿上華服之後，美與不美的界線便可以明顯區分出來了。大多時候，一個人的整體造型反而比身材長相更受人矚目，也就是說，一個人的品味直接決定了他給人的第一印象。好在現在四處都可以找到專業來彌補自己的不足，即使經濟再怎麼不景氣，纖體美容、衣裙鞋襪的店舖依舊門庭若市，而且越開越多，可見「專業」這項商品仍然有很大的存在價值與空間。

漂亮30

六歲的小雯第一次觀賞電視播放的芭蕾舞表演,當她看見臺上的舞者們踮著腳尖急轉時,她忍不住好奇的問父親:

「他們為什麼不直接選些高一點的女孩來跳呢?」

理由二十　變漂漂，你需要滄桑

　　有人說，女人的美麗是要過了三十歲才能分出勝負的。年輕時，大家都有「青春」作為籌碼，再難看也差不到哪裡去；等到過了三十歲，誰保養得宜，誰已顯示出老態，差別便清晰可見。三十歲以後的女人，多了一份閱歷，她看事情的眼光變得不同了，舉手投足也多了一份成熟的韻味，比起十幾二十歲的少女青春活潑、蹦蹦跳跳的樣子，成熟風雅的女人畢竟是耐看些的。

　　女星張曼玉便是越老越美麗的最佳證明，相較於她在《警察故事》中清純羞澀的模樣，《花樣年華》裡穿著旗袍的張曼玉是更讓人驚艷的，美麗不再是她的裝飾品，而早已內化為她人生故事的一部分。那種由內而外、從靈魂深處散發出來的美，豈是少女的皮肉表象之美所能比擬的？

　　我的朋友阿曼十分善於打扮，光看她那吹彈可破的皮膚，光滑無瑕的臉蛋，任誰也猜不出她的真實年齡，因此，她把「青春永駐」視為人生的一大目標，

而且從中得到了相當大的成就感。幾個禮拜前的一晚，阿曼受邀出席一個酒會，一向對外表頗爲自豪的她，竟然被一個眼光準確的男人一語戳破她「年齡的秘密」。阿曼大驚失色，連忙抓著人家問：「是我的妝沒有畫好嗎？你是怎麼看出來的？」

對方說：「從你的眼睛裡，我看到了故事，二十出頭的少女是不會這樣子的。」

阿曼在提及這段插曲時，難過得都幾乎要哭了出來。原來，再多再好的化妝品，也都掩飾不住那一對滄桑的眼睛。

我安慰她，那根本算不上什麼，用一雙滄桑的眼睛換掉惱人的嬰兒肥，不是很划算嗎？更何況，滄桑也有滄桑的好處。國際標準舞女王劉眞就曾經說過：「某些勾魂懾魄的舞蹈動作是年輕小女生詮釋不來的，非得要是有一些經歷的女人，才能夠跳得出那種味道。」滄桑的女人少了一份幻想，卻多了一些體驗；少了一份空靈，卻多了一份韻味；少了一份淺薄，卻

多了一份看透世情的內斂。滄桑的女人成熟，且豁達，這是歲月留在女人身上最美的一道足跡。

但是，滄桑並不等於憔悴，不等於蓬頭垢面，也絕非老態龍鍾。若是以太陽作為比喻，青春之美指的是艷陽高照的華麗，成熟之美則像是夕陽餘暉般繾綣動人，不單只映照到人的雙眼，甚至還可以深植人心。

看過了生活的眼睛，比鏡花水月更加深邃恬靜。

余秋雨先生曾經寫過一首詩，對於成熟之美有深刻的描繪，他寫道：

成熟是一種明亮而不刺眼的光輝

一種圓潤而不膩耳的音響

一種不再需要對別人察言觀色的從容

一種不理會鬨鬥的微笑

一種洗刷了偏激的淡漠

一種無需聲張的厚實

一種並不陡峭的高度。

成熟與滄桑，柔情也風情；青春或許會隨著光陰而消逝，但是閱歷人間滄桑的美麗卻會跟著四季流轉而濃郁。些許的滄桑使女人收斂起不諳世事的輕狂，告別懵懂無知的青澀，轉而益發的亭亭玉立、魅力四射。

滄桑令女人的美不再是一股令人炫目的閃耀光芒，而是一道洗滌心靈的清流遠溪。我親愛的朋友，請不要為妳「年齡的秘密」而擔憂，相信我，只要還有人願意猜測妳的年紀，就表示妳絕對還不至於太老！

笑一個，你會更漂漂

有一位男士，長相奇醜。因為醜，所以至今已經四十好幾，仍然打著光棍；因為奇，所以在他身上，也不免發生一些奇事。

一天，這位男士捧著一百零一朵玫瑰獻給某位漂亮的女同事，他說：「我愛妳，請妳嫁給我好嗎？」

女同事說：「你還是放棄吧！我對你沒感覺。」

男人哪裡肯就這麼放棄，他不死心的追問：「告訴我，我哪一點不好，我改。」

女同事無奈的說：「告訴我，我哪一點好，我改。」

理由二十一　變漂漂，你需要香水

香水是一場嗅覺的洗禮，來自於古早西亞的敘述。到了公元前一千五百年，人們已經普遍學會運用這種銷魂的香味來實踐對美的追求。聽說著名的大美人埃及豔后，便習慣同時使用十五種不同的香水來沐浴，她愛香水成癮，甚至誇張到把她的船放進「香水海」裡浸泡，好讓整艘船都充斥著香水的芬芳。

古代羅馬人喜歡把香水塗在任何你想像得到的地方，包括蓋房子的泥沙裡。在古埃及，出門不擦香水就像在台北騎車沒戴安全帽一樣，是會受到懲罰的。

一直到十五世紀，香水首先被義大利人廣泛使用，接著延伸到法國、英國……一路侵襲了整個歐洲大陸。繼凱薩琳夫人在法國創立了第一家香水店之後，幾乎所有法國人都為這個迷人的小玩意兒感到瘋狂。路易十四便是歷史上有名的「香水皇帝」，除了對香水有著超乎常人的熱情，他還規定所有的臣民必須每天換擦不同的香水。到了路易十五的時代，香水堂而皇之進入了時尚的領域，開始與流行服飾並駕齊

驅，巴黎「香水之都」的名號由此產生。

即使英勇剛強如拿破崙，都仍然抵抗不了香水的誘惑。據說拿破崙曾經在一天之內用掉十二公斤的香水，真叫人懷疑他是否確知香水的用法，十二公斤的香水就算用來洗澡也嫌太多，難道他把十二公斤的香水全部喝到肚子裡去了嗎？

到了二十世紀，法國時裝大師香奈兒（Chanel）再度為香水創下了嶄新的一頁，她發明了世界上第一瓶加入乙醛的香水，就是鼎鼎有名的Chanel NO.5，這時候的香水氣味不再濃郁撲鼻，體現了符合新時代女性主義的淡雅芬芳。

五○年代初期，雅詩蘭黛（Estee Lauder）率先推出一款朝露（Youth Dew）香水，大量採用天然水果，改變了傳統花香的香水型態，製造出清新宜人的新感受。這款香水成功的打入年輕市場，從此香水不再是「貴婦人」與「夜生活」的代名詞。

漸漸的，各款香水的命名也開始受到消費者的重

視，經典代表例如YSL的鴉片（Opium）、克麗斯汀的毒藥（Poison）、蘭寇的璀璨（Tr'esor），皆以其名稱表現出香水的寓意與精神。鴉片果真甜美得令人上癮，而毒藥也確實是足以制服男人的毒藥，璀璨模擬花香的歡愉，紀錄著每一段愛情最燦爛的片段。

誠如大家所知道的，所謂的「美食」必須色、香、味俱全，那麼，真正的美女當然也離不開這三大條件：「色」指的是「姿色」、「香」指的是「芳香」、「味」則指「韻味」或是「品味」。如果你已經是傾國傾城的大美人，一瓶高雅芬芳的香水絕對可以突顯出你的品味，使你的美麗加倍。就算妳長得真的不怎麼樣，那份「只聞其香，不見其人」的美麗遐想仍然可以讓妳晉升為美女一族，因為女人只要懂得寵愛自己，就能夠擁有最美麗的表情。

香水是女性魅力永恒的話題，它所塑造出來的女性風格是其他任何化妝品都無法比擬的。許多女人用香水來作為自己的標誌，讓人只要一聞到這種氣味，

便立即聯想到她，這一招用來制約男人幾乎百發百中。讓每個曾經深愛過的男人都能牢牢記住自己的味道，是女人費盡心機的想望；而令女人打擊最大的，莫過於在男人身上，聞到了不屬於自己的氣味……悲傷的香水，是女人苦澀的眼淚。

　　香水如同女人的第二層衣服，穿上了這層國王的新衣，女人彷彿添加了一份看不見的美麗。一個懂得選擇香水的女人，就像懂得裝扮自己的女人一樣，人們很容易就會把她和「美女」畫上等號。

漂亮30

笑一個，你會更漂漂

　　一名騎著機車的男士向一位畫著濃妝的美女搭訕，只見濃妝美女不停的迴避，似乎很不願意被打擾，機車騎士不肯放棄，一直不斷的沒話找話說。

　　濃妝美女被逼急了，很生氣的說：「不要煩我……再煩我，我就卸妝給你看！」

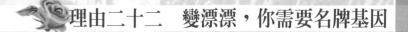
理由二十二　變漂漂，你需要名牌基因

　　比起從前女人對名牌的狂熱，現代女性對名牌顯得更為長情。名牌的功能已不再只是拿來炫耀、滿足自己的虛榮，而是用以突顯自己的品味、襯托出神氣的風采。

　　身上穿著幾件名牌，人的身價好像也跟著增值了。名牌的霸道形象，使別人根本不會去注意名牌的主人長什麼樣子，只會記得「那是個提香奈兒包包的女人」，或是「那個穿Prada高跟鞋的女人」……諸如此類，名牌已然成為女人的第二個名字。

　　然而，不管名牌服飾再怎麼高尚美麗，穿在一個缺乏名牌基因的女人身上，都一樣會顯得黯淡無光，如同一個打扮得光鮮亮麗的鄉巴佬，無論左看右看，都依然只是個鄉巴佬！名牌服飾只能用來襯托，不能用來遮醜。再貴再高檔的品牌，也掩飾不住土財主那一身粗俗的流氣，因此，想要展現高雅迷人的氣質，妳所需要的不是名牌，而是名牌基因。

　　我曾在街上遇過一位全身上下價值不菲的「名牌

之女」，她從頭到腳包括露出來的丁字褲無一不是名牌，那一身行頭加起來少說也要二、三十萬，這是多少女人夢寐以求的裝扮啊！正當我羨慕得目瞪口呆之時，我身旁的朋友冷不防冒出一句：「哼！那一定是假的！」姑且不論同為女性的酸葡萄心理，一個沒有高貴氣質的女人，的確穿起來真的也像像假的。

反過來說，女人只要具備了足夠的名牌基因，就算她手上拿的是仿冒品，看起來也都會像真品，因為——根本不會有人去懷疑它的真假！

我的另外一位朋友就曾經有過類似的經驗，那時她剛生完孩子，穿著牛仔褲，推著嬰兒車，理論上應該是屬於「黃臉婆」一族，但是因為她散發出來的高雅氣質，使得所到之處每個人都對她禮遇有加，甚至有店員當面誇獎她：「一看就知道是好人家的太太，隨便一件名牌T恤搭牛仔褲，看起來就是和平常人不一樣！」

那位朋友事後告訴我，那件所謂的「名牌T恤」，

其實根本只是他先生從內地帶回來的仿冒品，她實在不知道那個店員是從哪裡看出來她「和平常人不一樣」！

名牌基因，在於一個人的氣質、修養和風範。

一個具備名牌基因的女人，會將名牌的價值建立在自己的身上；而缺乏名牌基因的女人，則是將自己的價值建立在名牌上面。不穿戴名牌便不敢出門的女性，大多都是屬於後者。

隨著使用名牌商品的年齡層越來越年輕化，在人手一個LV、腳踏一雙GUCCI滿街跑的情形之下，名牌基因的有無顯得更加重要。

名牌基因讓女人超脫外表的包裝，不管今天的打扮如何，都能自信滿滿的走出門；名牌基因讓女人探索內在的自我，了解到名牌背後的意義比它頭上的光環更值得追求；名牌基因讓女人打破庸俗的框架，不管別人怎麼看我，自己的感覺才是最重要。

現代女人已經不太會假惺惺的說：「不買名牌也

可以。」她們反而會大方的討論各家名牌的特色，把這類昂貴的消費視爲一種理所當然的投資，既而把自己修煉成爲一個「適合LV的女人」、「具備Dior特質的女人」……，這也不失爲購買名牌的另一附加價值吧！名牌不只是女人的目標，更是女人的信仰；人在美好事物的潛移默化之下，是會變得更加美麗一點的。

名牌雖然價格昂貴，但它的價值，正是在於廠家堅持品質，及師傅的鬼斧神工之上。買下一件名牌，等於買下了整家公司的歷史。因此，把名牌穿戴上身的人也必須表現得落落大方，才不至於抹煞了名牌的特質。

名牌不是流行可以炒作出來的盲從，它的獨特風潮，來自於創造者對自我的要求。一個默默無名的牌子不會無原無故在一夕之間成爲舉世知名的名牌，非得經過激烈的市場競爭，從眾家好手當中脫穎而出，名牌才能成爲名牌。

　　熱愛名牌不是儀式，而是心態問題。名牌的價值不在於它的名氣和價格，而在於它每個步驟都堅持完美的品質保證，在於它追求獨一無二不模仿他人的原創精神。「說名牌膚淺的人才是真的膚淺！」這句話將會成為時下女人崇尚名牌的最新註解。

　　不論名牌與否，同一件衣服穿在不同的人身上，效果也將大大不同。看著整條忠孝東路都是拿著名牌包包的年輕女孩，不禁叫人感嘆：名牌商品易得，但名牌基因卻是有錢也難買到！

笑一個，你會更漂漂

　　一個舉止粗俗、其貌不揚的女人在看過一部浪漫電影之後，感慨地說：「不知道我未來的丈夫，會不會有男主角一半的勇敢？」

　　旁邊某位男士接著說：「小姐，我相信你未來的丈夫一定是個英雄，因為他在決定娶你時，絕對需要有超人的勇氣！」

理由二十三　變漂漂，你需要牛仔褲

漂亮30

　　有人說，美人魚的美麗性感焦點不在於貝殼輕蓋
的半露酥胸，而在於鱗片緊裹修長的下半身線條。低
低的腰線、緊實豐盈的臀部、修長的大腿、纖細的膝
蓋一路延伸至腳踝，美人魚的性感，來自於她那一條
貼身修飾、猶如第二層肌膚的魚鱗裙，到了陸地上，
則變身為強調合身曲線、引爆視覺感官的牛仔褲。

　　無論是哪一種女人，只要一穿上合身的牛仔褲，
便會自然而然的散發出一股狂野的性感，不管是現今
流行的小喇叭、日本女性堅守的小直筒、七年級生最
愛的寬板褲，牛仔褲似乎就是有一種特殊的魅力，可
以引領各式各樣的人群，步入流行時尚的殿堂。

　　名牌服飾搭配粗野形象的牛仔褲已經不足為奇，
原本應該穿來勞動的牛仔褲底下搭配幾乎走不了兩步
的細跟高跟鞋，也早已成為Levi's的指定動作。牛仔褲
是最樸實的自然、最溫柔的野蠻，也是女性坦白不做
作的主張。

　　一條合身的牛仔褲可以幫助女人提高臀線，拉長

小腿，露出纖纖柳腰，或塑造展露股溝的危險效果，比任何塑身產品都還要快速有效，難怪每一個女人的衣櫃裡，都絕對會有一件以上的牛仔褲！

我的朋友C.J.就是一名病入膏肓的「牛仔褲狂」，她不只瘋狂的喜愛牛仔褲，甚至連牛仔褲的發展歷史都可以鉅細靡遺的背給你聽。一次，我和她逛到一家二手服飾店，發現了一條保存了三十年以上的Levi's絕版牛仔褲，褲子上面的皮招牌已經斑駁得難以辨認，然而它的要價竟然高達五千多塊台幣，就算是買條新的也不用這個價錢。

二手的東西，講難聽一點，就是舊的、過時的、不知道什麼人穿過的。

不管Levi's這個品牌多麼值得人們尊重，它也是經過不斷的汰舊換新，才能到達今天這個地位的，不是嗎？

C.J.大概是不忍它繼續在這家名不見經傳的小店孤獨終老吧！她二話不說的掏出錢來，把這條送我我都

漂亮30

不要的牛仔褲給買下來了！

　　步出店門之後，我惡毒的諷刺她：「有錢人出手就是不一樣，買一條牛仔褲比我們兩個上RUTH'S CHRIS吃一頓飯還要貴！」

　　C.J.說：「這不一樣啊！飯吃了就沒有了，牛仔褲我可以天天穿、天天穿，穿到它破爛為止！」

　　我真不知道她是怎麼想的，那條三十年的牛仔褲，難道還不夠破爛嗎？

　　牛仔褲的魅力，想必是很難抵擋的。

　　日本演藝圈年度的一大盛事，就是票選出最適合穿牛仔褲的男女藝人，木村拓哉和濱崎步都已是好幾連霸。香港近年來也舉辦了類似的活動，最新一屆的當選人是杜德偉和梁詠琪，杜德偉以他的狂野氣質獨占鰲頭，梁詠琪則以她那一雙超過一百公分的長腿勝之不武，還有什麼比一雙修長的美腿更適合穿牛仔褲？又還有什麼比牛仔褲更能襯托出美麗長腿的性感風情呢？

「看不見的東西永遠比看得見的東西更誘人。」牛仔褲便是毫不客氣的把這條哲理發揮得淋漓盡致。所有的服裝都是為了穿上，只有牛仔褲展示出來的是脫掉它的遐想。

近幾年來，購買牛仔褲的消費者之中，女性的數字已經遠遠超越了男性消費者，牛仔褲的熱力隨著女性主義的提高持續燃燒蔓延，這說明無論到了哪個年代，美人魚玲瓏有緻的下半身曲線都仍然會是女人所追求的終極目標；而美人魚婀娜多姿的倩影，則將永遠會是男人魂牽夢縈的性感想望。

下次約會時，不妨穿上一條貼身牛仔褲，讓對方想入非非吧！

漂亮30

笑一個，你會更漂漂

一天，胖妹在街上遇到老朋友。

朋友熱情打招呼說：「好久不見，你最近都在忙些什麼？」

胖妹回答：「我正忙著減肥啊！」

朋友聽了，睜大了眼睛，露出一副不敢置信的表情，「我真不敢相信！妳終於決定要減肥了！告訴我，妳是怎麼減的？」

「我每天固定騎馬三個小時。」胖妹回答。

「不錯喔！聽起來滿炫的！」朋友接著問：「那效果怎麼樣？」

「嗯，超有效的！」胖妹說：「還不到一個禮拜，馬就瘦了十幾公斤！」

理由二十四　變漂漂，妳需要玻璃鞋

　　童話故事裡的灰姑娘，因為一雙玻璃鞋而尋獲自己的真命天子；到了現代，女人不免也奢望藉由一雙美麗的玻璃鞋來改變自己平凡的境遇。只是科技太過發達，「玻璃鞋」早被專家論斷為「不適合拿來造鞋的材質」，女人們百般無奈之下，只好將就於材質不同但款式相同的鞋子，我們統稱它叫做「高跟鞋」。

　　女人之所以迷戀高跟鞋的原因可以有一萬種，但這一萬種原因到頭來都只能歸納為一種，那就是——高跟鞋令女人看起來更像女人。

　　女人踏上高跟鞋的第一個理由，往往是嫌自己的個子不夠高，不管她的身高究竟有多高。優雅的穿著，必須搭配一雙高跟鞋，否則無法展現出「高人一等」的女人味；個性的打扮，更應該加上一雙「高跟鞋」，不然，如何宣示女性的主權意識呢？

　　女人穿高跟鞋上班，穿高跟鞋買菜，穿高跟鞋逛街，甚至穿著高跟鞋做愛，高跟鞋幾乎已經成為女性身體的一部分，有些女人巴不得自己的腳掌能二十四

小時和高跟鞋粘合在一起，一體成型，以避免面對脫下高跟鞋後打回原形的自己。

　　我曾經見過一個女人足踏三吋細跟高跟鞋去爬拉拉山，要知道，那可是必須踏過一千多塊堅硬無比的石階，再走十多公里的碎石子路才能登上山頂的。沒想到那名女子臉上卻一點痛苦的神色也沒有，她健步如飛的走在隊伍的最前頭，輕盈曼妙的動作讓所有人都嘆爲觀止，證明了女人的潛力實在是不容小覷。

　　女人一面攻擊高跟鞋「不健康」、「不方便」、「是裹小腳的另類型態」、「是沙文主義之下的產物」……，一面又拼命創造各家高跟鞋品牌的驚人營業額，若是你問一位穿著高跟鞋的女人，「不是說高跟鞋對健康有害嗎？」她絕對會回答你：「那是指鞋跟過高的高跟鞋，我的高跟鞋又不高，才十公分啊！」

　　女人穿高跟鞋一如吃辣椒一樣，都是會上癮的。習慣了自己在鏡中高挑窈窕的模樣，也難怪女人一旦穿上高跟鞋，便怎麼也不捨得脫下來，寧願忍著腳掌

極度的不適，也要藉由高跟鞋來彌補自己不足的那幾寸。

　　我有一位朋友，無論去到哪裡，都一定會穿高跟鞋，就連出國旅行也不例外。我問她：「穿著高跟鞋行萬里路，難道不累嗎？」她聳聳肩膀，無奈的表示，「累也沒辦法，因為要照相嘛！」

　　這就牽涉到高跟鞋另外一項神奇的效果了，不知道你有沒有發現，凡是穿上高跟鞋的女人，胸部都會顯得更突出，臀部也會變得更挺翹，加上因為鞋跟而變得修長的雙腿，高跟鞋簡直是女人美體塑身的強效法寶！

　　即使平常不敢露出小腿的象腿妹，也能因為穿上高跟鞋而擁有小腿至腳尖的流暢線條；這雙鞋子雖然折磨女人的雙腳，卻的的確確是一雙足以扭轉灰姑娘命運的「玻璃鞋」。

　　不管平底鞋是多麼的舒服自在，它總缺乏了些踏著高跟鞋的雙腿蓮步輕移時的千嬌百媚。高跟鞋展現

了女人的自信、自醒與自覺。根據研究發現，經常穿著高跟鞋的女性，對自己的信心指數，比從未穿過高跟鞋的女性足足高出了三十個百分點。

高跟鞋使得女人，更加意識到自己是個女人。

最近，美國紐約發生了一起中年婦人手持高跟鞋將前任男友毆打致死的殺人案件，我想，這又將為廣大迷戀高跟鞋的女性找到了一個穿高跟鞋的正當理由：高跟鞋可以當作女人的武器——雖然不一定致命，但百分之一百勾魂。

妳還在猶豫些什麼？趕快出門為自己添購一雙迷人的「玻璃鞋」吧！

笑一個，你會更漂漂

小琪向好友小英哭訴說：

「嗚嗚……那些臭男生笑人家是蘿蔔腿啦！」

小英聽了，安慰她說：「妳不要相信他們的話！我長這麼大還沒看過這樣又粗又黑的蘿蔔哩……」

理由二十五　變漂漂，你需要年齡不詳

　　小女孩渴望長大，大女孩又渴望重新回到小時候，女人對於自己的年齡，從來沒有滿意的一天。

　　年輕有年輕的「青春美」，年長也有年長的「成熟美」，只是，到了人老珠黃的時候，何以為美呢？

　　在時間不停運轉的輪盤上，我們每個人都註定會是輸家……。

　　東方女人是屬於比較幸運的一群，嬌小的體態使人即使年華老去，看起來也會比實際年齡來得年輕。自從五十歲仍然妖嬌美麗的宮雪花出現之後，年齡與外貌成正比的關係似乎有待調整。各式各樣的整形手術可以幫助你換掉老化的皮膚，消除眼下的皺摺，緊實鬆垮的下巴……，女人過了三十歲也能保持一張天使般的臉孔，在今日醫學界已經算不上是什麼難事。

　　擁有天使臉孔之後，女人當然也渴望擁有一副看不出年齡的魔鬼身材。除了交給瘦身中心為妳打理一切之外，個人的意志力也是不可或缺的一項要素。

　　「女人越老，就越要站得挺。」說這句話的人，是

一位七十高齡但看起來卻像五十出頭的「美麗歐巴桑」，從她抬頭挺胸、昂首闊步的樣子，你簡直無法把「老」這個字加到她身上去，如果過馬路時碰到綠燈轉成紅燈，她甚至會用跑的跑到馬路對面去呢！想想看，一個七十好幾的老太太在馬路上奔跑，會是怎麼樣的一幅奇景？

　　歲月或許會殘酷的打擊妳的青春，但是你可以選擇不要向它低頭。

　　身為老女人最大的成就，就是在別人意識到你是個「老人」之前，先認知到你是個「女人」。即使血肉之軀衰頹了，人的氣質卻是不朽的。

　　年輕不是呈現美麗唯一的方式，上了年紀的女人慈眉善目，全身散發出一股溫暖的氣息，也是很美的。

　　電視上不時出現一些「辣媽」的表演，明明生過孩子、年逾五十，身材卻仍維持得像少女般曼妙，還特地燙了一頭很ㄅㄧㄤˋ的爆炸頭，在電視上一搖一

擺的模仿起歐陽菲菲。

中年女人可以維持那樣的身材著實一點兒也不簡單，但是那樣穿著超短迷你裙、抹著大濃妝的「老」女人，我卻一點兒也不覺得她美。

「人到了什麼年紀，就應該要有什麼年紀的樣子。」五十歲了仍做二十歲的打扮，只會硬生生的被真正二十歲的少女給比下去。人可以不服老，但是不可以不知老。耍帥搞怪是年輕人的專利，五十歲的女人，還是端莊穩重一點好。

少女喜歡聽到人家說她「美麗」，熟女則希望別人稱讚她「年輕」，人們總在追求自己沒有的東西。

「年齡不詳」並不是要妳活得像個老妖精，而是希望你不管正處於哪個年紀、將邁入哪個年紀，都仍然可以保持年輕的活力。偶爾學著少女陽光般的哈哈笑，眼神不時閃動著「作夢中，請勿打擾」的朦朧光彩，用輕快的步伐走路，用喜樂的心情迎接明天，讓年齡只是個數字，不是桎梏；讓青春是回憶，也是目

標。

　　年齡不詳，也是年齡不想。一個忘卻年齡的女人，才能擺脫數日子的生活，擁有更美麗精采的人生。

 笑一個，你會更漂漂

　　四個信天主教的家庭主婦聚在一起聊天。

　　A太太說：

　　「我的兒子是Priest（神父），每當他走進大廳時，所有人都會叫他Father（父親）。」

　　B太太不甘示弱：

　　「哼！那有什麼了不起，我的兒子是Bishop（主教），每當他走進大廳時，所有人都叫他Your Grace（閣下）。」

　　這回兒，換C太太站起來說話了，她刻意放慢語氣，酸溜溜的說：

　　「我兒子是Cardinal（紅衣主教），每當他走進大廳時，所有人都會叫他Your Eminence（殿下）。」

　　只見D太太緩緩的啜了一口茶，說：

　　「我的兒子身高一百九十幾公分，長得眉清目秀、虎背熊腰，胸前有兩塊大胸肌，身後有一副翹屁股，每當他走進大廳時，所有女人都會不約而同的叫起來：『Oh！My God！』」

理由二十六　變漂漂，你需要奈米科技

漂亮30

　　奈米科技與我們平日所吃的「米」無關，它是一種極微小的度量單位。經由這種神奇的科技，人類可以將一萬兆本書籍的內容，全部儲存在一個方糖大小的記憶體裡；並且只需數十分鐘，便可以完成目前電腦需要花費數百年才能完成的數學計算。

　　把奈米科技應用在生物醫學上也是希望無窮，它不但為科學家們束手無策的愛滋病帶入一線曙光，更可以用來殺菌消毒，抑制流行性感冒或是腸病毒。未來，照胃鏡不再需要將一根長長的管子通過咽喉伸進胃部，你只需要服用一顆類似藥丸般大小的東西，就能舒舒服服的進行內視鏡的檢查，而癌細胞也不再是人類的天敵，因為奈米科技可以深入人體的細胞內，一舉清除掉這些不受歡迎的不速之客。

　　既然有這麼好的東西問世，商人當然也不忘把腦筋動到了女人的荷包上。

　　坊間有許多標榜用奈米科技研發製作的美容產品，例如，幫助妳返老還童的奈米胎盤精華、美白又

保濕的全方位修護面膜、富含奈米維他命E的肌膚活化乳液、輕輕一噴就還妳原來好膚質的除痘噴霧……，各式各樣的商品琳瑯滿目、不勝枚舉。

　　商人說：「因為奈米是一種極細小的分子，所以可以更快速有效的深入毛孔，達到加倍美麗的效果！」

　　我的朋友聽了，立刻撤換掉梳妝台上所有的瓶瓶罐罐，她說：「難怪那些東西我塗了這麼久都不見效，因為不是奈米的嘛！」

　　奈米科技，令許多放棄自己的女人重又燃起無限的希望。

　　只是，美麗光是靠外在的塗塗抹抹還是不夠的。不管是多麼完美的女人，都仍然會覺得自己的眼睛不夠明亮、眼白的部分太多、鼻子的弧度太平板、嘴唇的色澤太淡，甚至是身上的毛髮太濃密、穿上高跟鞋仍然不到一六五、上半身與下半身的比例不夠完美……，你在街上隨便捉一個女人來問，她都可以輕易的舉出十幾個自己外貌上的缺點。愛美的女人，是永遠

不會嫌自己太美的。

因此，變漂漂，我們需要奈米科技。希望可以藉由這種極精細的分子，實現女人改頭換面的美夢。

讓我們可以不用忍受手術的疼痛，只須植入一顆比鈕扣還小的晶片，就可以改變我們的皮膚組織，讓我們自然而然的長成自己心目中想要的樣子。

讓我們不用整天怨媽媽怪奶奶，後悔小時候沒有多跳繩，只要使用奈米科技，就可以讓我們長到希望的高度，從腿的長度到臉的大小都可以量身來訂做。

讓我們不必再承受牙套的折磨、吃完東西滿嘴菜渣的尷尬，也不用再理會旁人異樣的眼神，奈米科技只需花上幾分鐘的時間，就能給你一口整齊淨白的牙齒，甚至連近視眼的煩惱都能替你斬草除根。

讓我們不用再處心積慮甩掉身上多出來的脂肪，因為使用奈米技術製成的減肥藥，可以讓你吃多少就瘦多少，而且絕不會產生任何副作用。

神奇的奈米科技幾乎涉及了所有領域的發展，我

們可以想見，它將繼Pittera、膠原蛋白之後，成為下一個創造美麗的新寵兒。如果有一天，你走在街上，看見滿街都是梁詠琪和金城武，請你毋須太過訝異。因為我早就已經告訴過你，奈米科技將全面性的介入人類文明演進的發展史。「世界上只有懶女人，沒有醜女人。」這句話將會改寫，因為未來的新新新人類們，將根本不會知道什麼叫做「醜女人」！

漂亮 30

笑一個，你會更漂漂

一天，太太回到家裡，看見桌上有一條藥膏，她好奇的拿起來一看，封條上面寫著「超級隆乳膏」。

「一定是那個老色鬼嫌我的胸部不夠壯觀，所以才故意買來給我用。」太太在心裡默默的想著。

那天晚上，太太特地在洗完澡之後，拿起隆乳膏來認真的塗抹，希望可以趕快見效，從此「抬頭挺胸」的做人。

正當太太努力的在胸前塗抹之時，老公來到浴室門外，問道：「老婆，你有沒有看見我剛剛買回來擦香港腳的那條『超級隆』乳膏？」

162

理由二十七　變漂漂，你需要喜新厭舊

　　這天晚上，梳妝台上的化妝品們展開一場討論會。

　　按照先來後到，首先由資歷最深、歷史最悠久的除痘乳膏發言。他先咳了好一陣子，好不容易咳出了覆蓋滿臉的灰塵，才顫抖的說：「我覺得主人真是太沒良心了，打從我出生之後，我就陪著她四處斬妖除魔，上過阿鼻高山，也下過下巴縱谷，不管是新冒出來的痘子或是沉積已久的斑紋，我都一一仔細的替主人消除它們，有時候還得忍受痘痘裡噴出來的膿汁濺了我一身呢！我這麼任勞任怨，掏心掏肺的服侍主人，結果我得到了什麼？」除痘乳膏重重的嘆了一口氣：「以前她還會三不五時的把我拿起來拍一拍、擠一擠，現在她就任由我站在角落裡等著發霉。我被那些灰塵壓得都快喘不過氣來，她也不聞不問。我說你們這些新來的小夥子啊！別淨往我這一頭擠，我都快被你們擠得沒地方站了！」

　　年紀不小，資歷也不淺的隔離霜也開口說話了：「自從那個長得細細長長的傢伙來到這兒後，主人對我

的態度就有了一百八十度的轉變。以前她都會輕柔的把我塗在她的臉上，不時的親親我，對著我微笑。現在哪！她只會粗魯的把我整罐抓起來，在我身上狠狠的戳一個洞，然後非常用力的把我抹在她的手啊、腳啊這些粗糙的皮膚上面，好幾次啊，我都差點兒要被她膝蓋上的角質活生生的剝下一層皮呢！」身材嬌小，長相圓潤的隔離霜繼續哽咽的說：「我知道，她是嫌我胖、嫌我身材不好、帶不出去，想我當初剛認識她的時候，她還稱讚我是她用過最好的隔離霜呢！想不到現在……」隔離霜想到這裡，不禁悲從中來地抽泣起來了。

　　一直站在一旁默默無語的唇膏也說話了，他說：「人類是這樣的，只見新人笑，不聞舊人哭。像我啊！曾經陪著主人出席過無數重要的場合，主人也一直對我呵護倍至、寵愛有加，只是隨著她的衣服越來越多，其中有些衣服的顏色根本是我一看就反胃的，主人不得已，只好替我找了幾個好姊妹，大家一起輪流來伺候她。現在，我雖然不能像以前每天都和主人朝夕相處

了，好在主人並沒有把我忘掉，她三天兩頭還是會帶我出門溜達溜達，不然我可真要得憂鬱症了！」

這時，站在梳妝台最前方，新加入不久的美白精華露終於開口了：「唉！主人人這麼好，她怎麼會虧待你們呢？如果她對你們不好，那一定是因為你們表現不好的緣故，你們竟然還不知道檢討自己，反而暗地裡說主人的壞話！真是一群不知羞恥的老傢伙！」

年輕氣盛的精華露故意加重了「老」這個字，全部人都惡毒的瞪了他一眼，但是，精華露卻仍視若無睹的繼續說：「像我就覺得主人對我非常的好，她不但每天早晚都會前來探望我，還帶著我出國到處去玩。平時只要有空，她就會溫柔的替我擦拭身上的灰塵；她碰觸我的雙手，總是特別的輕巧，還不時在別人面前說我的好話，我真是不知道該怎麼報答她才好！你們這群老傢伙，如果再不知道知足，小心我叫主人通通把你們丟進垃圾桶去！」

老邁的除痘乳膏一聽，當場被氣得腦充血，他「咚」的一聲倒了下去，不偏不倚撞倒了站在他身旁的

雪肌精，雪肌精又撞倒了保濕平衡乳，連帶著防曬油、眼霜、粉底液也跟著應聲倒下。一陣混亂之際，突然傳來「救命啊……」的聲音，原來是隔離霜趁著自己搖搖欲墜的同時，使出渾身的力氣用他臃腫的身體狠狠的朝精華露撞過去，這一撞，把細瘦的精華露給推出了梳妝台外，「匡啷」一聲，直直摔落在地上……。

仔細看看你的梳妝台，有哪些是你的新歡？而哪些又是你的舊愛呢？

從反面來看，女人總是「喜新厭舊」；但樂觀一點想，我們只是「精益求精」。擁有了八十分的美麗，我們當然更要去追求一百分的美麗；已經買了很好的產品，我們還是會想要買更好的產品。

女人在愛情裡處處要求男人忠實，但一提到美容，女人自己本身卻是一點兒也不中實的動物。「若不試試新的產品，我怎麼知道哪一種比較好？」「總是要比較看看，才能找到真正最好的嘛！」

真不明白，女人既然對這種騎驢找馬的心態已經十分瞭若指掌，為什麼又要在男人出去外面「比較」

時，擺出一副大惑不解的樣子，千篇一律的問著：
「你怎麼可以這樣子？」

難道她們不知道，「寧可錯殺一百，不可放過一個」這種心態，男人女人都是一樣的嗎？只不過，女人不敢錯過的是任何一種更新、更好、更有效的美容產品，而男人不肯錯過的，是隨便一段更鮮、更辣、更刺激的感情遊戲。

笑一個，你會更漂漂

小丸子：「今天是美環結婚喜宴的日子耶！」

小玉：「像美環長得那麼醜，脾氣又不好，難得有人要娶她。」

小丸子：「聽說新郎是一位佛教徒，好像長得還不錯喔！」

兩人終於到了會場，正當她們要走進去之時，抬頭看了一下，結婚禮堂的門口掛了一塊匾額，上面寫著：「我不入地獄，誰入地獄。」

理由二十八　變漂漂，你需要內在美

　　近年，大家彷彿又重新學起ABC，女人的胸圍不再只是兩位數字，還得在數字後面加上一個字母，從A開始，由小至大的排列。A Cup註定會引來人們同情又帶點嘲笑的目光，D以上又顯得過大而不真實，萬一在公共場所跌倒，被壓在下面的人會有窒息的危險。

　　女人的胸部大小其實影響整體外觀甚微，反倒與內在美比較有密切關係。

　　大胸部有大胸部的雄偉，但也有過重下垂的危險；小胸部雖然比較不容易吸引別人的眼光，但是只要一切合乎比例，即使只有32A，也一樣可以展現性感。

　　電影《絕世好Bra》裡有個片段，設計女人胸罩的男設計師說：「一件好的內衣就像男人的雙手，可以輕柔的呵護住女人的胸，給她百分之一百的安全感。」只是我認為，一件好的內衣應該是要比男人的手掌更偉大，因為它可以連男人一手無法掌握的部分，都一併包容進去，也可以把男人碰到了也感覺不到的殘缺

品種，集中托高塑造得堅挺有型。

　　內在美，是女人最私密的美麗。無論是不經意露出來的肩帶，彎腰時不小心展現的蕾絲花邊，或是白襯衫背後若隱若現的性感「吊橋」，都能令人心神盪漾、想入非非。

　　不要以為內衣穿在裡面就可以隨便，一件好的內衣，可以幫你塑造出完美的胸型，修飾整個上半身線條，讓你神不知鬼不覺的擁有一副好身材。

　　另外，內衣的顏色和質地選擇也是非常重要的，我有一位非常喜歡蒐集內衣的朋友，她的衣櫃裡裝滿了各式各樣五顏六色的內衣，她說，「即使是單身女郎，也要謹慎的挑選內衣。每一件內衣都代表了不同的心情，如果今天心情很好，那就挑一些陽光色系的內衣，讓自己充滿熱情；若是今天心情不好，則選擇紫色、綠色這類具有安定神經作用的顏色。今天想當個性感的女人，不妨穿一套黑色透明的薄紗胸罩；今天想製造一點小女孩的氣氛，那麼就非穿粉紅色的小

花內衣不可!」這位朋友再三強調,內衣可以由內而外改變人的心情、氣質,製造生活的情趣,即使是單身,也一樣要「內外兼具」。

調查發現,當女人穿上一件自己滿意的內衣之後,對自己的整體信心度會提高百分之八至百分之三十。理由很簡單,因為從裡到外都經過一番精心的打扮,所以即使走光了也不用怕!當一個人無所畏懼的時候,總是能表現得漂亮一點的。

從內衣的樣式,我們便不難推論出主人的德行。一件泛黃脫線起毛球的內衣,你想它的主人可以好到哪裡去?內衣反映了人的性格、喜好、慾望,反映了內衣的主人是清純還是狂野,是優雅還是華麗。什麼樣的人就會穿什麼樣的內衣,因此,變漂漂,你需要一件足以與你匹配的內在美。

曾經聽過一個故事叫做「神奇的髮夾」,內容敘述一個模樣不怎麼討好,因此感到有些自卑的女孩子,在上學途中無意間看到了一只漂亮的髮夾。那只髮夾

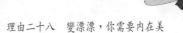

是用粉紅色緞帶織成的，十分小巧可愛，充滿了少女夢幻的光澤。當女孩把髮夾戴在頭上時，店裡好幾個客人都稱讚她好看，女孩於是高高興興的付了錢，帶著新買的髮夾去上學。

　　只要想到頭頂上的髮夾，女孩便不自覺的露出得意的笑容，這令許多平時不太願意和她親近的同學，都不約而同的跑過來和她打招呼，就連全校最帥的一個男孩子，也跑過來邀請她這個週末一起去看電影。同學們都說她變了，變得開朗、大方、活潑，不像從前老是低著頭，鬱鬱寡歡的樣子。

　　女孩心想：「這一切都該歸功於我頭上那個神奇的髮夾。」她想到那家店裡，應該還有很多別種款式的漂亮髮夾。因此決定放學以後，就再到那家商店選購一番。

　　沒想到她才剛踏進店門，店老闆就笑盈盈的對她說：「我就知道妳會回來，妳的髮夾掉在我櫃檯後面了。」

　　女孩摸摸自己的頭髮，才發現她的頭上根本沒有什麼神奇的髮夾。

　　相信聰明的你，已經知道這一切是怎麼一回事了吧！

　　一件美麗的內衣就像一支神奇的髮夾，旁人雖然不一定看得到，但是你自己，總是會知道。

笑一個，你會更漂漂

　　一大早，太太翻箱倒櫃的找衣服穿。考慮了很久，她終於套上一件許久未穿的裙子，對著鏡子照了照：「哎呀！這衣服怎麼像在包粽子一樣？」

　　在一旁的先生忍不住提醒她：「那是餡兒的問題，跟包的葉子無關。」

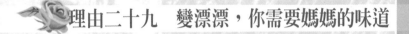

理由二十九　變漂漂，你需要媽媽的味道

漂亮30

　　常常聽人說，懷孕的女人最美麗。著名的蒙娜麗
莎，也是聽說懷了孕，才會看起來如此有魅力。政治
立場偏向辣妹一族的我實在想不透，孕婦那寬廣的腰
肢、圓鼓鼓的肚子、臃腫的體態，究竟有哪一點可以
被稱爲「美麗」？

　　我問婦產科醫師，他說他只見過女人大腿張開躺
在手術床上，臉上躺著豆大的汗珠，恐怖的嘶吼聲拼
命從喉嚨裡傳出……，如果要說美麗，你是指產婦的
血源源不絕的從體內流出來的情形嗎？是的，那的確
像一杯傾倒流洩的紅酒一樣美麗。ㄅ……，嚴格說起
來，應該說是「番茄汁」比較貼切。

　　我實在不認爲一杯打翻的番茄汁有什麼美麗可
言，那只會令我想起白蘭強效洗衣粉和轉得昏頭的DD
滾筒洗衣機，於是我找來了某位孕婦的老公，想請問
他爲什麼準媽媽們看起來總是特別的美。

　　「ㄇ……我想是因爲母性的光輝吧！看著她低頭跟
肚子裡的寶寶說話，或是把孩子抱到胸前哺乳，會令

人產生一種難以言喻的感動。」

「真的嗎？難道你不覺得太太懷孕以後，整個身材都走樣了嗎？」

「那有什麼關係，女人胖一點看起來比較福泰啊！」

「哇……你真是本世紀的新新好男人耶，請問你太太從懷孕到現在一共胖了多少公斤？」

「嗯……我想想，她懷孕前是八十五公斤，現在差不多有九十八公斤，十幾公斤而已，沒差多少啦！」

真……真的沒差多少嗎？

我繼續訪問路上的行人，試圖弄清楚為什麼世界上的媽媽都是一樣的—— 一樣的美麗。

路人甲說：「哪裡美？我一點也不覺得，我媽啊！長得比我家的菲傭還不如，怪不得我爸會去搞外遇。」

路人乙回答：「我媽每天花三個小時上美容院，一年的置裝費高達五百萬，你說她能不美嗎？」

漂亮30

　　路人丙是個七年級生，他反問我：「你指的是我大媽、中媽、小媽、親媽還是乾媽？」

　　路人丁剛從國外留學回來，他說：「Well，這個問題，我們可以從生物學的角度來分析，一般人會覺得當了媽媽的人特別美，那是因為賀爾蒙分泌的關係……」

　　他的話還沒講完，我的魂已經飛到九霄雲外……Well，我還是去問問看別人好了。

　　接著，我來到一所小學，我問那群正在盪鞦韆的小朋友，世界上最美麗的人是誰？

　　小朋友異口同聲的回答我：「是我媽媽！」

　　為什麼？

　　因為我媽媽有美麗的眼睛；因為我媽媽有紅紅的嘴巴；因為我媽媽有長長的頭髮；因為我媽媽會說故事給我聽；因為我媽媽半夜起來為我蓋棉被；因為我媽媽生病了會帶我去看醫生，喔！不！是我生病了媽媽帶我去看醫生。

　　因為我媽媽天天早上都幫我綁公主頭；因為我媽媽會教我背九九乘法表；因為我媽媽帶我去吃冰淇淋……因為，因為我媽媽是世界上最愛我的人。

　　打從一來到世上，媽媽就在孩子的心中佔據了無可取代的位置。媽媽不需要具備完美的容顏，不需要姣好的身材，只要有一張慈祥的面孔，一顆溫暖的愛心，就可以成為孩子心目中「最美的女人」。

　　因此，變漂漂，你需要媽媽的味道。

　　若是你見到孩子的臉就覺得滿足，無論做什麼都第一個考慮到孩子，那麼你已經擁有了六十分的媽媽味；若是你無時無刻牽掛著孩子，連看到孩子便便都會開心的拍手，你已經擁有了七十分的媽媽味；若是你把最好的都留給孩子，給他穿Lacoste，你自己穿Giordano，那麼你已經有了八十分的媽媽味；若是你看到孩子哭也會跟著哭，緊急關頭切肝切腎切腦袋都不成問題，想必你已經擁有超過九十分的媽媽味；若是你把孩子照顧得無微不至，可以在千鈞一髮之際為了

救孩子單手舉起一架車，那麼你將不只是世界上最美的女人，而且還會是世界上最幸福的女人，因為從此以後，妳老公絕對會對妳這個女力士百依百順！

詩人莫泊桑曾說：「人間最美麗的情景是出現在當我們懷念母親的時候。」媽媽的味道，是我們一輩子都會懷念的味道。那份柔軟的慈愛，是世界上最可貴的回憶，也正是其他女人都無法比擬的美麗。

看到這裡，你應該知道婆媳戰爭是因何而起的吧！

笑一個，你會更漂漂

有十一個人遇到船難，緊攀著船舷等候緊急救援，就在船將要沉沒的那一刻，直昇機終於趕到，船上所有人都在千鈞一髮之際被直升機用繩索救離⋯⋯.

於是，這十一個人，包括了十個男人和一個女人，一起被掛在直昇機的繩索上。

由於繩子無法支撐全部人的重量，直昇機搖晃得很厲害，稍稍不小心，隨時都有可能墜毀。因此，這十一個人商量，一定要有其中一個人犧牲小我，自願放開雙手，否則全部人都將一起完蛋。

儘管身為堂堂男子漢，遇到緊急關頭仍然是非常婆媽的。這十個男人討論了許久，都無法決定誰應該放手，直到唯一的那名女性感人肺腑的說著：「還是我先放手吧！因為我們女人已經習慣了，一直以來，丈夫和孩子就是女人唯一的生

活目標，我們可以為了他們犧牲自己的一切，只
要他們快樂就好，不管付出了多少，我們都不求
回報，真的……」

　　當她講完時，所有的男人不約而同的為她鼓
掌……

理由三十 變漂漂，你需要皇冠

如同求職履歷表上面的說明，你不能只是抽象的寫「我很美，一百七十公分，三圍三十四、二十四、三十五……」這麼寫的話，所有人都會懷疑妳是眞的很美，還是自以爲是的美？沒有一個人會相信，妳眞的如妳所說的那麼美。

然而，另外一種寫法可就不同了：「我一百七十公分，三圍分別是三十四C、二十四、三十五，台大外文系畢業，當過平面模特兒，得過國際標準舞冠軍，經常有人說我長得像蔡依林……」不用見著本尊，光看到這些形容，任誰都會拍胸脯肯定她絕對是個大美女。因爲她頭上的皇冠，如同騎士身上光榮的勳章，正是不折不扣的品質保證。

C罩杯是皇冠，男人在打聽一個女生時，總是還來不及記住她的姓名，就先打聽她的胸部到底有多大？

台大外文系是皇冠，不信你出去看看，十個有九個聽了會說「哇——好棒！」

　　模特兒是皇冠，長相差強人意的女生滿街都是，只有夠格當模特兒的才是美女之中的美女。女人的皇冠，來自於曾經當過模特兒；而男人的勳章，則來自於曾經上過模特兒。

　　比賽冠軍是皇冠，看看那些善於跳舞的女人，有哪一個腰放得不夠軟，又有哪一個眼神拋得不夠媚？

　　長得像徐若瑄是皇冠，那些長得像恐龍或是河馬的女生，充其量只會有人說她長得像個「人」！

　　每一場選美活動的最後高潮，不外乎是為當選的佳麗戴上后冠。頭上戴著一頂光彩奪目的皇冠，人想要不變得美麗都難。

　　雖然舞台上的皇冠永遠只有一頂，但是現實生活中，女人可以贏得皇冠的機會卻有很多：天生麗質是皇冠，多才多藝是皇冠，冰雪聰明是皇冠，文武雙全也是皇冠……。只要有一、兩項過人之處，任誰都可以為自己戴上皇冠。美麗不是只有臉蛋，更要有豐富

漂亮30

的內涵和學養，不然，爲什麼每一場選美比賽裡，主持人都會問那些穿著泳裝的佳麗們一堆刁鑽古怪的問題呢？

有的女人把學歷和皇冠畫上等號，動不動就說她唸的是哈佛、北一女，或是明星小學資優班，也有女人把高薪視爲自己的皇冠，「唉！我今年光是繳稅就繳了三百萬，你說政府是不是欺負人哪！」依我看，是妳在用錢欺壓人吧！更有女人逢人便「不經意」的透露：「某某男人曾經爲我自殺……」她把別人的犧牲奉獻視爲自己魅力的證明；也有女人視名牌如皇冠，她要每一個人都知道，她是個買得起好貨的女人。

有的女人視她爸爸是誰爲皇冠，她的皮夾打開放的不是和Honey的照片，而是她和李安、成龍、周星馳的合照；也有女人視個人旅遊經歷爲皇冠，初次見面她會問你去過哪些國家，等到你說出不到五個國家之後，她才接著說：「我還去過法國、西班牙、土耳

其……」令你由衷希望她下次去的是馬里亞納海溝。有的女人視珠寶爲皇冠，雖然你比她年輕，但是她的珠寶比你的值錢。有的女人視男人爲皇冠，她的花名冊裡每個都是有頭有臉的人物，好像巴不得立法院裡的官員們個個都是表兄和表弟！

　　戴上一頂氣質高雅的皇冠，妳的美麗等於受到了雙重的肯定；若是不幸戴到了一頂褪色的皇冠，你只會像東施效顰被人攻擊個不停。

　　皇冠有兩種，一種是好的；一種是壞的。

　　別人戴的，都是壞的；自己戴的，都是好的。

　　因此，變漂漂，妳不只需要皇冠，必要時，你還需要一頂安全帽。

漂亮 30

笑一個，你會更漂漂

一位穿著清涼的辣妹，來到一家電器行修理壞掉的MD。

只見正經八百作風八股的老闆一面檢查著MD，一邊偷瞄辣妹的小可愛和超短裙。然後，小小聲的咕噥一句：「不倫不類！」

不巧，那位辣妹聽到了老闆的評語，頓時怒火中燒，掄起拳頭一把揪住老闆的衣領，咬牙切齒的問道：「你、說、什、麼？」

古板的老闆被嚇得魂不附體，結結巴巴地說：「我……我是說……這台MD不不不……不能PLAY啦……」